Andrea Reidt

Glücksorte in der Provence

Fahr hin & werd glücklich

Dieses

Glücksbuch

ist für

Liebe Glücksuchende,

die Provence mit ihrem goldenen Licht, ihren Lavendel- und Kräuterfeldern, Olivenhainen und Felsen, Boulevards und Dorfidyllen, mit Flüssen und dem Mittelmeer, mit Häfen und römischem Erbe, Kunst- und Gourmet-Genüssen ist *die* Sehnsuchtslandschaft schlechthin. Von Dichtern besungen, von Malern, Fotografen und Filmemachern tausendfach abgebildet, zählt sie zu den beliebtesten europäischen Urlaubszielen. Nicht ganz einfach für die Autorin, aus der überbordenden Fülle an herrlichen Schauplätzen 80 Glücksorte auszuwählen!
Das fängt mit der komplizierten „Grenzfrage" an. Obwohl die Stadt Nîmes gefühlt und historisch ganz provenzalisch ist, gehört sie nach heutigem Verständnis zum Languedoc. Dennoch finden Sie (als Ausnahme) den Pont du Gard bei Nîmes in diesem Buch.
Die Qual der Wahl kannte schon Kurt Tucholsky, als er einst schrieb: „Man kann in der Provence die Kunstdenkmäler systematisch untersuchen; man kann den Olivenhandel statistisch darstellen, dass es nur so saust vor Zahlen – man kann aber auch in diesem wunderschönen Lande spazieren gehen." Begleiten Sie mich auf meinem Spaziergang zu den Glücksorten der Provence!
Bon voyage,

Ihre Andrea Reidt

GLÜCK

Deine Glücksorte …

... noch mehr Glück für dich

„… on y danse tout en rond“

1 Die halbe Brücke Saint-Bénézet in Avignon

Wer tanzt heute noch auf der berühmtesten Brücke Frankreichs, die zusammen mit der Altstadt als UNESCO-Welterbe klassifiziert ist? Wahrscheinlich niemand. Schade, denn die einfache Melodie des Volksliedes *Sur le pont d'Avignon* summt sich quasi von selbst, ein fröhlicher Ohrwurm aus fernen Zeiten, dessen Urfassung vermutlich im 15. Jahrhundert entstand, heute in Kindergärten ein beliebtes pädagogisches Tanzlied. Während des Singens knicksen die Damen, die Herren verbeugen sich, alle drehen sich im Kreis und haben eine Menge Spaß dabei. Ähnlich könnte es bei frühneuzeitlichen Festivitäten in Avignon zugegangen sein – allerdings tanzten die Partygäste nicht auf, sondern unter der Brücke am anderen Ufer auf der Île de la Barthelasse, der großen Rhône-Insel von Avignon. Heutzutage ist es nicht mehr möglich, über die Brücke zu dieser Vergnügungsinsel zu schlendern: Der Pont d'Avignon bricht abrupt mitten in der Rhône ab.

TIPP

Alternatives Brücken-Sightseeing ist vom Quai de la Ligne und vom Rocher-des-Doms aus möglich.

Im Jahr 1177 soll ein zwölfjähriger Hirtenjunge namens Benoît oder Bénézet eine Erscheinung gehabt haben: Eine himmlische Stimme befahl ihm den Bau einer Brücke. Diesen Auftrag überbrachte er den Stadtvätern, die ihn so lange auslachten, bis er einen dicken Felsbrocken packte und an die Stelle warf, wo die Brücke entstehen sollte. Das war direkt unter dem Rocher-des-Doms, dem Felsplateau oberhalb des Flussufers. So bekam Avignon die damals längste Brücke Europas, zunächst aus Holz, 200 Jahre später aus Stein. Mit etwa 920 Meter Länge, 2,80 Meter Breite und 22 flachen Bögen spannte sie sich über die beiden Flussarme und die Barthelasse-Insel nach Villeneuve-lès-Avignon. Als im 14. Jahrhundert die Päpste in Avignon residierten, diente die Brücke den Kardinälen und dem päpstlichen Hofstaat als Heim- und Fluchtweg. Der Stadt verschaffte sie Zolleinnahmen. Nach wiederholten Hochwasserschäden wurde sie um 1660 aufgegeben und lockt heute als vierbogige Ruine Ströme von Neugierigen an. Auf ihrem dritten Pfeiler ruhen übereinander die Kapellen Saint-Bénézet und Saint-Nicolas.

- Pont Saint-Bénézet, quai de la Ligne, Zugang von der City durch die Porte du Rocher, 84000 Avignon
- ÖPNV: Touristischer Petit Train (Start am Papstpalast) oder City Tour im zweistöckigen Freiluft-Bus (Startpunkt La Boutique, 40, rue Jean Jaurès)

Im Königreich der Melone

2 Obst- und Gemüseplantagen rund um Cavaillon

Mmmh! Hemmungslos schlotzen wir an der gelben Frucht, die wir gerade auf dem Markt von Cavaillon erstanden haben, und können schier nicht genug bekommen von ihrer durstlöschenden Frische. Dass wir in ein bedeutendes Anbaugebiet für Gemüse und Obst geraten sind, war leicht an den kilometerlangen Plantagen mit Äpfeln, Birnen und Pfirsichen erkennbar, welche die östlichen Zufahrtsstraßen säumen. Tatsächlich ist der 25.000 Seelen-Ort das Zentrum der landwirtschaftlichen Produktion im Département Vaucluse. 800.000 Tonnen Obst und Gemüse von seinen Feldern und Gewächshäusern werden jährlich im In- und Ausland vertrieben, darunter 130.000 Tonnen Melonen.
Cavaillon verdankt seinem warmen, sonnenreichen Klima den Ruf als französische „Hauptstadt der Melone". Als solche hat es von alters einen guten Namen, nachweislich seit dem 15. Jahrhundert, vermutlich sogar schon länger. Die Pariser Prominenz labte sich schon seit Menschengedenken an dieser vitamin- und mineralstoffreichen Frucht mit dem hohen Fruchtzuckergehalt – aber keine Sorge, die Melone bleibt wegen des hohen Wasseranteils kalorienarm. Unter den zahlreichen Melonensorten, die in Europas Süden angebaut werden, sticht die Cantaloupe-Melone aus Cavaillon durch die grünlich-hellbraune Tönung ihrer Schale und die kräftige gelbe Farbe des Fruchtfleisches heraus. Eigentlich handelt es sich bei dieser Frucht um ein Gemüse aus der Familie der Kürbisse. Ihre Qualität erkennt man übrigens am Gewicht: je schwerer, desto gehaltvoller. Gourmetköche und feinsinnige Käufer testen ihre Güte, indem sie an der winzigen Stielöffnung schnuppern. Ihr entweicht im Idealfall ein köstlicher Duft, geradezu ein verlockendes Parfum.
An Melonenrezepten mangelt es in der lokalen Gastronomie nicht. Da findet man Basilikum-Melonensuppe oder ein Entrée mit würzigem Schinken. Im Hauptgang verfeinert die Frucht als Beilage Garnelen oder Entenbrust, als Dessert gibt es Melonensorbet oder Melone mit heißer Zabaione – für jeden Geschmack etwas!

TIPP

Am Wochenende vor dem 14. Juli feiert ganz Cavaillon die Melone mit Umzügen, Markt, Rezeptbörse: Melon en Fêtes.

- Märkte in 84300 Cavaillon: montags im Zentrum; freitags Place des Fêtes; donnerstags Bauernmarkt, Place du Clos (April bis Oktober 17–19 Uhr)
- ÖPNV: Züge von Avignon, Busse von Apt, Aix-en-Provence, Marseille, Carpentras

Felskulisse, Luxusgeschirr

3 Moustiers-Sainte-Marie und sein Fayence-Museum

Als einziger Ort im Département Alpes-de-Haute-Provence wurde Moustiers-Sainte-Marie in die Liste der „schönsten Dörfer Frankreichs" aufgenommen. Allein schon die spektakuläre Lage des *village perché provençal* vor einer steilen Felswand, zweigeteilt von einer Schlucht, durch die ein reißender Wildbach rauscht, hätte für dieses Prädikat ausgereicht. Jedoch genießt der Ort noch aus anderen Gründen einen guten Ruf weit über die Landesgrenzen hinaus. Der Name Moustiers steht für edle Luxuskeramik, wie sie an europäischen Höfen, in Adelshäusern und großbürgerlichen Haushalten zeitweise ein fester Bestandteil der Aussteuer war. Der abgelegene Ort war neben Rouen, Nevers, Marseille und Straßburg im 17. und 18. Jahrhundert eines der bedeutenden Fabrikationszentren für Fayencen. Damals lebten 700 Familien in dem Bergdorf mit 30 Werkstätten. Der große Boom der Fayence-Produktion in Frankreich hatte einen politischen Hintergrund: Ludwig XIV. hatte den Adel 1689 angewiesen, goldenes und silbernes Tafelgeschirr einzuschmelzen; der Gebrauch bei Tisch wurde verboten. Dies regte eine enorme Nachfrage nach repräsentativem Ersatz aus anderen Materialien an. Das Musée de la Faïence zeigt wunderschöne alte Stücke, präsentiert den Formenreichtum, die Farben, die Fabrikationstechniken, die Wirtschaftsgeschichte. Eine Ausstellung widmet sich der Produktion heutiger Manufakturen. Man muss sich allerdings bemühen, zwischen den Souvenirläden die „echten" Moustiers-Keramiker zu entdecken.

TIPP
Am schönsten ist ein Besuch in Moustiers außerhalb der Hauptsaison, den Hochsommer sollte man besser meiden!

Ein Mönch hat die Fayencetechnik aus Florenz nach Moustiers gebracht. Was uns darauf bringt, dass auch einige kirchliche Bauten des Ortes höchst sehenswert sind: Die romanische Pfarrkirche Notre-Dame besitzt einen auffallenden Glockenturm. Und hoch oben in den Felsen thront die Wallfahrts- und Klosterkapelle Notre-Dame de Beauvoir aus dem 12. Jahrhundert, Nachfolgerin eines wesentlich älteren Baus. Erreichen kann man sie nur zu Fuß über einen Kreuzweg. Die etwa 20 Minuten Aufstieg werden durch einen sensationellen Blick ins Tal belohnt.

- Musée de la Faïence, rue du Seigneur de la Clue, 04360 Moustiers-Sainte-Marie www.moustiers.fr
- ÖPNV: Busse von Aix-en-Provence und Castellane

Aus langem Schlaf erwacht

4

Der Obelisk in Arles

Gern gönnt man sich, bewacht von Bronzelöwen, ein Päuschen am sprudelnden Wasser der großen Brunnenanlage vor dem Rathaus von Arles. Der darüber aufragende Obelisk gehört so selbstverständlich zur „Einrichtung" der Stadt, dass sich wohl kaum einer fragt, wie die 15 Meter hohe pyramidenförmige Granitsäule eigentlich dorthin geraten konnte. Dabei lesen sich die historischen Quellen, die davon zeugen, überaus vergnüglich.

Das ging nämlich so: Das römische Arles verfügte über drei Eventstätten, die Arena, das Theater und den Zirkus für Wagenrennen. Im Zirkus stand der Obelisk, der aus einem Steinbruch in Kleinasien stammte. Er schmückte dort im vierten Jahrhundert die spina, eine Mauer in der Mitte, um die herum die Wagen gelenkt wurden. Später geriet das gute Stück für mehr als ein Jahrtausend in Vergessenheit. Als man sich seiner 1673 wieder erinnerte, war es in zwei Teile geborsten. Das kürzere diente einer Familie als Bank. Das längere lag eingegraben im Garten einer Witwe, die es widerwillig für 30 harte Louisdor hergab. Nach hitzigen Kontroversen wurde beschlossen, den Koloss zu restaurieren und zu Ehren des Königs als Siegessäule vor dem neuen Rathaus aufzustellen. Leichter gesagt als getan! 20 Männer schleiften das Ding mithilfe von Winden, Rollen, Seilen 40 Tage lang zum geplanten Standort. Das Aufstellen im März 1676 durch 160 Männer zog jede Menge sensationslüsternes Publikum an: An den Rathausfenstern hingen die Damen der Gesellschaft, die Dächer rundum waren schwarz vor Menschen, vom Kloster aus beobachtete der Erzbischof von Albi die Aktion und berichtete anschließend darüber nach Rom.

Nach einer halben Stunde war die Arbeit geschafft, begleitet von Publikumsgeschrei, Trompetenfanfaren, Kanonendonner. Blumig schildert es der Chronist: „Der Obelisk erhob sich geradezu lässig, wie aus langem Schlaf erwachend, zum rhythmischen Knarren und Quietschen der acht Maste, die die Last hielten, streckte sich majestätisch und bettete sich auf seinen Sockel, wohin die Hand des Experten ihn steuerte."

TIPP

Die alte Sonnenkugel für „Sonnenkönig" Louis XIV. auf dem Obelisken ist heute im Musée Réattu zu sehen.

- Obelisk, place de la République, 13104 Arles
- ÖPNV: SNCF-Züge, Busse bis Arles; City-Busse bis Boulevard Clemenceau (kürzester Zugang zur Altstadt)

Frischer Fisch vom Markt

5

Bouillabaisse und Bourride selbst kochen

Täglich bieten Fischer frühmorgens ihren nächtlichen Fang auf dem Fischmarkt am Quai des Belges im alten Hafen von Marseille feil – hier kauft man traditionell die Zutaten für eine Bouillabaisse. Ein Erlebnis! Die Marktschreierinnen haben ihre Ware auf ramponierten Tischen ausgebreitet, preisen sie lautstark an und halten sie zwischendurch mit Wassergüssen frisch, während die Männer im Hintergrund Kisten schleppen, Netze und Boote in Ordnung bringen, rauchen und das Geschehen kommentieren. Wer weiß, wie lange es den *marché à la criée*, den Schreimarkt, als Überbleibsel einer untergegangenen Epoche noch geben wird!

Eine Bouillabaisse als Fischsuppe zu bezeichnen, wäre so, wie Calvados einfach Branntwein zu nennen. Ursprünglich entstanden ist die legendäre Marseiller Spezialität wohl aus den Fang- und Marktresten der Fischer, die sie gleich vor Ort in Meerwasser kochten. So erklärt sich vielleicht die verrückte Mischung aus – mindestens drei, besser sieben – Fischsorten, die in eine „richtige" Bouillabaisse gehören, wobei es ein verbindliches Rezept nicht gibt. Meeresfrüchte wie Langusten, Krabben, Muscheln, Garnelen haben definitiv nichts in dem klassischen Gericht zu suchen, allerhöchstens ein paar Krebse.

TIPP

Eine Bourride ähnelt der Bouillabaisse, wird aber mit aïoli (Knoblauchmayonnaise) gebunden.

Die Zubereitung: Zwiebeln, Knoblauch und Gemüse (Fenchel, Karotten, Tomaten, Lauch) werden in Olivenöl gedünstet, dann mit Weißwein, Pastis oder Wermut abgelöscht und mit Wasser aufgegossen. Die Fische gibt man nach und nach – je nach Zartheit und Größe – zu. Sie köcheln langsam, ergänzt durch eine Kräutermischung aus Rosmarin, Thymian, Estragon, Oregano, Salbei, Majoran, Basilikum – in jedem Fall aber mit Safran, dem teuren „roten Gold" der Mittelmeerküche. Edlere Fische werden gesondert serviert, zur Suppe oder manchmal erst nach ihr. Auf den Tellerboden gehören Baguettescheiben, pur oder zu Croûtons geröstet. Ganz wichtig ist die *rouille*, ein Gemisch aus Knoblauch, Pfeffer, Salz, Zitronensaft, Olivenöl und Safran, das man auf die Brotwürfel streicht. *Bon appétit!*

● Marché aux poissons, quai de la Fraternité/quai des Belges, 13001 Marseille (täglich frühmorgens)

● ÖPNV: Metro 2, Haltestelle Vieux-Port

AIGLON3
MARSEILLE

Farben, Formen, Illusionen

6

In der Fondation Vasarely in Aix-en-Provence

Der zu Lebzeiten sehr erfolgreiche ungarisch-französische Maler, Bildhauer und Werbegrafiker Victor Vasarely (1906–1997) gilt als Vater der Op-Art, einer Kunstrichtung, die mit Komplementärfarben, einfachen geometrischen Formen und Flimmermustern arbeitet und dabei oft irritierende Effekte erzeugt. Sein bekanntestes „Werk" dürfte aber das Rauten-Logo der Automarke Renault sein.

Auch wer wenig mit abstrakter Kunst anfangen kann, sollte sich einen Besuch der Vasarely-Stiftung nicht entgehen lassen. Das Museum liegt im Stadtteil Jas de Bouffan auf einem großzügigen Hanggrundstück mit Blick auf die City. Es ist in jeder Hinsicht gigantisch. Das höchst außergewöhnliche Gebäude besteht aus 16 sechseckigen wabenförmigen Modulen aus Glas, Carrara-Marmor und Aluminium. Der Künstler, der 1976 die Außenhülle selbst entwarf und zusammen mit namhaften Architekten plante, hatte den Anspruch, eine *cité polychrome du bonheur* zu erschaffen, einen lebendigen Glücksort der Farbexplosion. Er hasste die Vorstellung, ein Kunst-Mausoleum zu hinterlassen.

TIPP

Sonderausstellungen, Konzerte und Events für Kinder ergänzen die Dauerschau von Vasarelys Werken.

Drinnen sind wir überwältigt angesichts der monumentalen Wandinstallationen aus Metall, Glas, Kartonagen, Delfter Keramik, Emaille aus Briare, die in den Hallen auf uns einstürzen, sich optisch vermengen. Natürlich befinden wir uns Vasarelys Wünschen zum Trotz in einem musealen, chronologisch geordneten Erinnerungsort. Die einzelnen „Waben" spiegeln Vasarelys Entwicklung mit 42 Werken, jeweils 5 Meter breit, 8 Meter hoch. Sie zeigen seine künstlerischen Phasen von den ersten abstrakten Werken, dann Experimenten mit physikalischen Kräften und Bewegungsenergie (Kinetik) bis zur Periode Vega, in der er sich für Universum und Planeten interessierte. Der vorletzte Raum zeigt „unmögliche" Strukturen, täuschend echte Figuren, die unsere Wahrnehmung verrückt machen. Die letzten Werke treiben die optischen Illusionen mit kontrastierenden Formen in Schwarz und Weiß auf die Spitze. Visuell erschöpft treten wir aus der Vasarely-Welt hinaus an die Sonne, glücklich und zufrieden, weil künstlerisch erleuchtet.

- Fondation Vasarely, 1, avenue Marcel Pagnol, 13096 Aix-en-Provence www.fondationvasarely.org
- ÖPNV: Bus A Richtung Jas de Bouffan, Haltestelle Vasarely

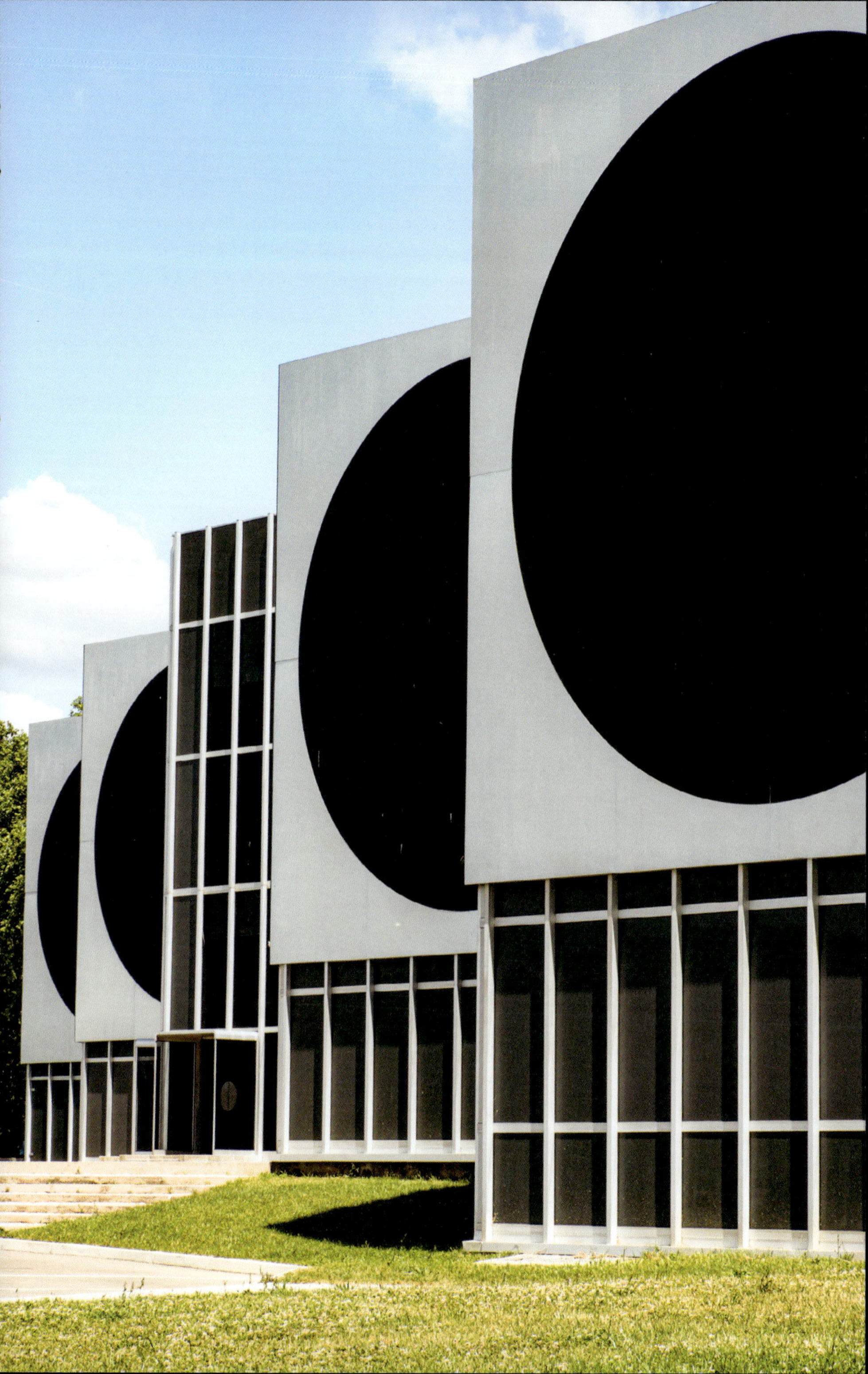

Eine Landschaft für Maler

7 Im Regionalen Naturpark Alpilles

Das Gemälde *Olivenbäume mit Les Alpilles,* das Vincent van Gogh 1889 malte, kommt mir in den Sinn, wenn ich das Alpilles-Massiv erreiche. Oder ist es ein anderes der zahlreichen Bilder in kräftigen Blau-Grün-Braun-Gelb-Schattierungen, die der Maler von der kleinen Gebirgskette im Herzen der Provence auf die Leinwände warf? Kannten wir diese markante Landschaft nicht schon längst vor unserer ersten Provence-Reise – eben durch die weltbekannten Werke eines für verrückt erklärten genialen Künstlers? Ihre Olivenhänge und Weinfelder, über allem der blaue Himmel, durch den der Mistral die Wolken jagt, im gleißenden Licht einer glühenden Sonne? Cézanne, ebenso Renoir und einige der nordfranzösischen Impressionisten wie etwa Claude Monet als ausgewiesene „Maler des Lichts" hatten um ein adäquates Stilmittel gekämpft, mit dem sie die Dramatik der Naturkräfte im grellen Licht des Midi einfangen könnten. Van Gogh in seinem rasenden Schaffensdrang fand es.

TIPP

Geologische Exkursionen in die Alpilles bietet das noch junge Musée Urgonia in Orgon.

Milde Winter, heiße, trockene Sommer, kräftiger Wind, magere Böden, zerklüftete Felsen und Bergkämme, ein Duft von Thymian und Rosmarin in der Luft – das sind die Kennzeichen der „Kleinen Alpen" nördlich der Schottersteppe Crau im Dreieck Tarascon–Arles–Cavaillon. Das niedrige Kalksteingebirge ist einer der sechs Regionalen Naturparks der Provence – neben Camargue, Luberon, Verdon, Sainte-Baume und Baronnies provençales. Es ist reich an Flora und Fauna mit zahlreichen seltenen und geschützten Tieren und Pflanzen, ebenso landwirtschaftlich überaus fruchtbar mit Frankreichs größtem Anbaugebiet für Oliven und exzeptionelle Traubensorten. Mit bunten Märkten, quirligen Kleinstädten und Dörfern stellt es die Quintessenz provenzalischer Glückseligkeit dar. Das erkannten bereits die Kelten, die Griechen und die Römer. Davon zeugt die bedeutende antike Ausgrabungsstätte der während der Völkerwanderungen aufgegebenen Handelsstadt Glanum in den nördlichen Alpilles.

● Parc naturel régional des Alpilles, www.parc-alpilles.fr
Musée Urgonia, chemin des Aires, 13660 Orgon, www.musee-urgonia.fr
● ÖPNV: Züge bis Orgon, Sénas, Lamanon, Saint-Martin-de-Crau, Tarascon, von dort aus Busse

Wind, Wasser und Wein

8 Alte Mühlen in Goult und Fontvieille

Eine alte Mühle ohne Flügel ist ein trostloser Anblick, noch dazu, wenn die Ruine auf dem höchsten Punkt eines malerischen Provence-Dorfes steht. Umso erfreulicher war die Restaurierungsaktion der Moulin de Jerusalem in Goult, an der sich ehrenamtliche Helfer aus Europa und dem Maghreb beteiligten. Nun strahlt die Kornmühle aus dem 17. Jahrhundert, über deren 1,20 Meter dicke runde Außenmauer sich vorwitzig ein zuckerhutartiges Dach reckt, wieder wie im Bilderbuch. Auf der dekorativen Begrenzungsmauer rund um das historische Monument hocken in der Abendsonne oft junge Leute, Touristen und Fotoenthusiasten, die sich an der weiten Sicht ins Petit Luberon erfreuen und an dem Lüftchen, das hier oben immer weht.

Ohne Wind kein Mehl. Die konische Dachform der Mühle fängt die heftigsten Windstöße des Mistral ab. Eine Wetterfahne an der Spitze informierte einst den Müller über die Windrichtung. So konnte er den unteren, drehbaren Teil des Daches mitsamt den Flügeln in die beste Position bringen.

Die Mühle hat zwei Etagen. Das Korn musste nach oben geschleppt werden und wurde nach dem Mahlen unten als Mehl in Säcke abgefüllt. Windmühlen waren seit 1162 in der Provence in Betrieb, ein halbes Dutzend kann man heute noch finden, darunter die berühmteste in Fontvieille (Foto) in den Alpilles, eine Touristenattraktion. Ihr setzte der Dichter Alphonse Daudet 1869 mit seinem Erzählband *Briefe aus meiner Mühle* ein literarisches Denkmal.

Die letzte noch funktionierende Wassermühle der Provence, Moulin Saint-Joseph, liefert die Energie für eine ökologische Mehlproduktion in Grans bei Salon-de-Provence.

Von der Mühle in Goult aus führt ein Lehrpfad zum *Conservatoire des terrasses de cultures:* ein Terrain in Form eines natürlichen, windgeschützten Amphitheaters, in dem sich bei Regen das Wasser staut. Die dort geförderten Untergrundsteine eignen sich zum Bau der typischen provenzalischen Trockenmauern und der alten bienenkorbförmigen Bories-Steinhütten, von denen man in und um Goult noch einige findet.

TIPP

Auf der Domaine Orgâmic in Goult, Vins de Copains, findet Direktverkauf von Naturwein statt (www.orgamic-vins.com).

- Moulin de Jerusalem, rue de Jeu de Paume, 84220 Goult. Moulin de Daudet, 13990 Fontvieille (3 km außerhalb)
- ÖPNV: Busse von Aix-en-Provence nach Goult und Fontvieille

Reich dekoriertes Nass

9

Die Brunnen von Aix-en-Provence

Aix-en-Provence ist eine Stadt des Wassers. Darauf weist schon sein römischer Name hin: Aquae Sextiae, zu Deutsch „Die Wasser des Sextius". In der – wenn man entsprechenden Umfragen glauben darf – Lieblingsstadt der Franzosen plätschern heute etwa 130 Brunnen. Ihre Sprühnebel erfrischen uns in den heißen, trockenen Sommern.
Die meisten der *fontaines* wurden zwischen dem 14. und 19. Jahrhundert errichtet. Ob moosbewachsen in sich ruhend, in dezenter Schlichtheit inmitten städtischen Trubels thronend oder in barocker Üppigkeit zur dekorativen Sehenswürdigkeit erhoben – alle erzählen sie allein durch ihre Existenz Geschichte. Die Römer wussten den Reichtum an Quellen – an kalten ebenso wie an 34 Grad heißen Thermalquellen – in der Gegend zu schätzen. In einer durch die Bergmassive Luberon und Alpilles windgeschützten Senke legten sie eine Siedlung an. Vier Aquädukte bauten sie, über die 30.000 Kubikmeter Wasser geleitet wurden, um Thermen, Brunnen und Patrizierhäuser mit Frischwasser zu versorgen. Anderthalb Jahrtausende später war das einst funktionierende System vergessen und verrottet: Skrupellose Geschäftemacher und Privatleute hatten zahlreiche Quellen verstopft, Pipelines umgeleitet oder angezapft, sodass Brunnen versiegten, Seuchen ausbrachen. 1721, mitten in der Pestepidemie, räumte Joseph de Clapiers mit diesen katastrophalen Zuständen radikal auf, indem er die Quellen freilegen und Umleitungen zuschütten ließ. Das erneut sprudelnde Wasser heilte manch Kranken und stärkte die Gesunden. Der König erhob Clapiers für seine beherzte Wohltat zum Marquis.
Ein attraktiver Gewässer-Rundgang (2,7 Kilometer) startet und endet an der gewaltigen Fontaine de la Rotonde an der Place du Général de Gaulle. Der Parcours umrundet die Altstadt und führt zu neun Brunnenanlagen, deren jede von individueller Schönheit ist. Dazu gehört auch das Kunstwerk *Mur d'eau* von Christian Ghion, die größte Wasserfassade Europas. Die Rückseite *Mur végétal* des Botanikers Patrick Blanc mit 22.000 Pflanzen ist die größte grüne Fassade in Frankreich.

TIPP

Die lauschigste Fontaine schmückt die Place d'Albertas, die hübscheste die Place des quatre Dauphins.

● Circuit fontaines, 13100 Aix-en-Provence
www.aixenprovencetourism.com
● ÖPNV: Regionalzüge bis Aix-en-Provence

Les Baux – Teufels Glück

10 Auf dem Plateau de Bringasse bei Val d'Enfer

Ob zu Ostern oder Pfingsten, Anfang Mai oder in der Fronleichnamswoche, während der Sommerferien oder einer Herbstreise – einen Besuch der majestätischen Burgruinen Les Baux-de-Provence kann man eigentlich nicht mehr empfehlen. Dabei ist der Ausblick von dem knapp einen Kilometer langen, steil abfallenden Felsplateau, auf dem sie liegen, wirklich spektakulär und reicht bis in die Camargue und zum Mittelmeer. Doch 1,5 Millionen Menschen wälzen sich jährlich durch die Gänge und Gässchen dieses Hotspots im Höhenzug der Alpilles. Unzählige Souvenirläden, Boutiquen, Restaurants und Hotels im Dorf unterhalb der Burg, Gedränge in der Burganlage selbst, Gedränge in der Kapelle, in den Museen für Krippenfiguren (Santons) und für Geschichte – da hält sich die Freude in Grenzen.

TIPP
Beim Noël aux Baux gibt es Krippenschau, Mitternachtsmesse, Schafauftrieb, Farandole-Tänze zu sehen.

Dennoch gehört die Wiederentdeckung der Burg zu den glücklichen Ereignissen des 20. Jahrhunderts. Ein im 15. Jahrhundert ausgestorbenes Adelsgeschlecht, die Eroberung durch Kardinal Richelieu 1632, ihre Rolle als Zufluchtsstätte für verfolgte Protestanten und der wirtschaftliche Aufschwung bis 1990 durch Bauxitabbau – all das verliert durch den Menschenandrang nicht an Spannung.

Was tun in diesem Dilemma? Alternative eins: Sie übernachten in einem der überteuerten Hotels oder einer der erschwinglicheren Herbergen und stapfen abends und nachts (mit gutem Schuhwerk) ohne Schubserei über Wege und Treppenstufen. Zweite Alternative: Sie verzichten auf den Besuch und entschädigen sich mit einem ausgedehnten Stopp auf dem Plateau de Bringasse beim Val d'Enfer, dem Teufelstal, von wo aus Sie die schönste Aussicht auf Les Baux haben. Dritte Alternative: Zu Füßen von Les Baux finden ganzjährig die faszinierenden *Carrières de Lumières* statt, spektakuläre Ton-Lichtshows in einem alten Bauxitsteinbruch. Aus 40 bis 50 Projektoren strömen bewegte Kunstwerke berühmter Maler, wie zum Beispiel Van Gogh, Kandinsky, Cézanne, Gauguin oder Michelangelo, und hüllen die Besucher in einen Wirbel an Farben und Figuren.

- Plateau de Bringasse beim Val d'Enfer, D 27, 13520 Les Baux-de-Provence, www.lesbauxdeprovence.com
- ÖPNV: Bus 57 (Avignon–Arles) bis Les Baux (nur Juli, August); ganzjährig Busse bis Maussane-les-Alpilles (4 km)

Spielen, Tanzen, Singen

11 Im Juli zum Theaterfestival nach Avignon

Klassisches Drama oder experimentelle Szene, Opernarien oder Barockklänge, Kammerspiel oder Lyriksolo, Zirkusgetöse oder Klassikkonzert – in den letzten drei Juliwochen verwandelt sich Avignon in eine einzige große Bühne, eine internationale Volksbelustigung, anspruchsvoll und boulevardesk in bester kultureller Ausprägung – und zwar für alle! Genau dieser Idee, dramatische Kunst ins Volk zu tragen, raus aus den geschlossenen Gesellschaften, hin zu kollektiver künstlerischer Arbeit, fühlte sich der Pariser Regisseur und Intendant Jean Vilar (1912–1971) verpflichtet. Er hob das heutige *Festival d'Avignon* 1947 als *Festival d'Art dramatique* aus der Taufe und machte es zu einem europäischen Event ersten Ranges. Architektur und dramatische Poesie versöhnen, so lautete sein wichtigstes Credo. Daher mutieren in der *ville-théâtre* historische Kardinalspaläste, Stadtvillen und Klöstergänge zu farbigen Kulissen szenischen Treibens, allen voran der Ehrenhof des Palais des Papes. 300 Indoor- und Freiluftvorstellungen – häufig nationale Premieren –, 400 Vorträge, Lesungen und sonstige Darbietungen bilden einen bunten Reigen, dessen Ergebnis in eine eindrucksvolle Statistik mündet: etwa 110.000 verkaufte Tickets, etwa 30.000 freie Eintrittskarten. Und das ist nur die Bilanz des öffentlich geförderten Hauptfestivals *In*. Parallel etablierte sich 1966 das *Off*, als Alternativ-Event von André Benedetto ins Leben gerufen, der auch das Théâtre des Carmes in Avignon mit ganzjährigem Spielbetrieb gründete. Private Theatergruppen und Ensembles aus allen Ecken Europas bevölkern die Plätze, Parks und Straßen der französischen Sommertheater-Metropole, begeistern in Hunderten von Vorstellungen von morgens bis Mitternacht Tausende von Zuschauern. Avignon leuchtet und pulsiert, alle Betten sind ausgebucht, in allen Restaurants, Bistros, Cafés drängen sich die Menschen, diskutieren, debattieren und kritisieren ihre frischen künstlerischen Eindrücke. Und seit 2013 leistet sich Avignon mit der FabricA ein ganzjähriges Probenzentrum für Ensembles.

TIPP
In Villeneuve-lès-Avignon findet zeitgleich das kleinere Festival Villeneuve en scène statt.

- Festival d'Avignon, www.festival-avignon.com, www.festivalvilleneuveenscene.com
- ÖPNV: Von Paris Gare de Lyon TGV bis Avignon

Vom Toctoc zum Klackklack

12

Im Holzdreher-Museum von Aiguines

Das typische Klacken, das hörbar wird, wenn beim Boulespielen eine Metallkugel an eine andere stößt, und das sich bis zum Klackklackklack steigern kann, wenn ein geschickt gesteuerter Wurf eine ganze Kugelgruppe auseinanderscheucht, ist ein Geräusch der Moderne. Seit der Römerzeit und bis in die 1920er-Jahre spielte man nämlich mit Holzkugeln, deren Zusammenstoß eher ein dumpfes Toctoc auslöst. Das Boulespiel und später der geordnete Sportwettkampf *pétanque* samt regionaler Varianten entwickelte sich im Verlauf der Jahrhunderte frankreichweit zum beliebten Volksvergnügen, gar zur Sucht. Selbst auf öffentlichen Straßen warfen Leute wild Holzkugeln durch die Gegend. 1792 starben 38 Menschen während einer Boulepartie. Der Staat erließ – auch auf Druck der Kirche – mehrfach Verbote gegen das wilde Treiben.

TIPP
Am Camping de l'Aigle startet der beschilderte Gipfelwanderweg zum Grand Margès (1576 Hm, 10 km, 5 Stunden, teils schwierig, www.campasun.eu).

Am geeignetsten für die Kugelherstellung erwies sich Buchsbaumholz, das härteste und schwerste aller europäischen Hölzer. Allerdings war es angesichts des großen Materialbedarfs schwer zu beschaffen, weil Buchs sehr langsam und meist verstreut wächst.

Dies erwies sich als historischer Glücksfall für das kleine Dorf Aiguines in der Haute-Provence. Denn in den Bergwäldern rund um die Verdon-Schlucht gab es genügend *buis* für mehrere Werkstätten. So kam es, dass sich Aiguines seit dem 15. Jahrhundert für gut 400 Jahre zum französischen Handwerkszentrum der *tourneurs sur bois,* der Holzdreher, mauserte. Die Einwohnerstatistik verzeichnet für das Jahr 1765 rund 950 und für Ende des 19. Jahrhunderts immer noch 900 Ortsbürger, die vorrangig als Kugeldreher arbeiteten. Etwa ab 1880 fanden auch die Frauen der Dreher als *ferreuses* Jobs in der Holzverarbeitung: Sie versahen die Kugeln mit kleinen Nägeln, um sie haltbarer und schwerer zu machen.

Die technische und soziale Geschichte der historischen Boulefertigung erzählt das herrlich vollgestopfte Holzdreher-Museum in Aiguines mit Exponaten für alle Sinne: zum Anfassen, Riechen, Hören, Sehen und Fühlen.

- Musée des Tourneurs sur Bois, place de la Résistance, 83630 Aiguines www.museedestourneurssurbois.com
- ÖPNV: Busse von Marseille über Aix-en-Provence bis Riez

33
32
27
28
25
24
18

Shabby Chic, wild

13 In Marseilles Altstadt Le Panier

Marseille besitzt eine Altstadt – eine Tatsache, die man angesichts der touristischen Hotspots Notre-Dame de la Garde, Mucem-Komplex, Canebière und Hafen leicht übersieht. Ein Spaziergang durch das Viertel Le Panier im Dreieck zwischen Rue de la République, Kathedrale und Quai du Port führt in die Seele des alten Marseille und zeigt uns zugleich Aspekte der heutigen französischen Gesellschaft, die der Tourist normalerweise selten wahrnimmt.

Hier gründeten Phönizier vor 2600 Jahren ihre Kolonie Massalia, wovon Siedlungsreste zeugen. Bis heute lässt dieses Multikulti-Quartier mit seiner erregenden Vielgestaltigkeit, aber auch tiefer Armut, mittelalterliche Strukturen erkennen. Es geht durch zu pittoreskem Ambiente hochsanierte Gassen mit Kreativläden und Seifenboutiquen, über „bezaubernde" Plätze, vorbei an verfallenen, nach Unrat stinkenden, zugemüllten Sackgassen. Alle sind sie, ob schick oder schäbig, voller Street-Art, aber auch voll wilder Graffiti-Wut. Es ist das authentische Gesicht einer offenen Stadt, dramatisch schön und dramatisch schlimm. Vielen Franzosen gilt Marseille als unregierbar, eine Metropole, in der die Hälfte der Einwohner einen Migrationshintergrund haben soll. Es gibt autonome Viertel, welche die Polizei nicht betritt, dort regieren Mafiastrukturen. Doch keine Sorge: Le Panier gehört nicht dazu! Allerdings hat das Viertel viel durchgemacht: Die deutschen Besatzer sprengten den südlichen Block mit etwa 1400 Häusern weg; große Sanierungsaktivitäten verschlankten das Quartier, Gentrifizierung vertrieb Alteingesessene. Dafür entstanden kulturelle Zentren in ehrwürdigen Gebäuden, trendige Bars, Restaurants, Straßencafés, Galerien. Zwar pflegen die Panier-Bewohner kein gemachtes Bett mehr für Matrosen freizuhalten, *chambres d'hôtes* aber schon. Noch erspürt man ihn, den typischen Marseiller Schmelztiegel aus der Zeit, als Italiener, Katalanen, Korsen, Algerier, Vietnamesen und viele andere Gestrandete zunächst oder für immer vom *Panier,* dem Korb, aufgefangen wurden.

TIPP

Die beste Boulangerie ist Les Navettes des Accoules, leckere Holzofen-Pizzen gibt es im Chez Angèle – beide in der Rue Caisserie.

● Le Panier, Zugang vom Alten Hafen, von der Kathedrale, vom Hôtel-Dieu (heute Hotel InterContinental) oder vom modernen Viertel La Joliette aus
● ÖPNV: Tram 2, Station République Dames oder Sadi Carnot

PANIER
Imprimerie de la
EPICERIE

Aquaparadies über Ruinen

14

Sommerfrische am Lac de Sainte-Croix

Er schimmert meist türkis oder smaragdgrün, kann aber auch kobaltblau oder onyxschwarz, spiegelt den jeweiligen Farbauftritt der Wolken und ist überhaupt ein Geselle, der Abwechslung bietet. Der 22 Quadratkilometer große Lac de Sainte-Croix fasst 750 Millionen Kubikmeter Wasser, erreicht eine Tiefe bis 90 Meter und dient drei Herren: der Energiegewinnung, der Trinkwasserversorgung und dem Tourismus. Unsichtbar verläuft die Département-Grenze hindurch, die Alpes-de-Haute-Provence und Var trennt. Der 1974 im Mittellauf des Verdon-Flusses gestaute See ertränkte auf Anweisung aus Paris – große Umstände um die Gefühle der Einwohner machte man nicht – das alte Dorf Les Salles-sur-Verdon und vier Brücken, darunter einen römischen und einen mittelalterlichen Verdon-Übergang. Dieses Vorgehen mag bewusst Traditionen missachtet haben und rücksichtslos gewesen sein, doch muss man eingestehen, dass die zuvor wirtschaftlich ärmliche Gegend vom nun einsetzenden touristischen Boom erheblich profitierte. Der Lac de Sainte-Croix gehört zu den am schönsten gelegenen Wasserflächen Frankreichs und ist dazu ein Paradies für Wassersportler aller Art: für Groß und Klein, Profi und Amateur. Ob Surfer, Segler, Paddler – stehend oder sitzend –, Tretbootkapitän oder Kanute: Alle finden ihr persönliches Glück auf, an und in dem See (nur Motorboote sind in allen Verdon-Gewässern verboten).

TIPP

Bittere Schwarz-weiß-Fotos der Zerstörung des für den Stausee geopferten Dorfes zeigt www.lessallessur-verdon.com.

Drei bewachte und bewirtschaftete Strände in Les Salles-sur-Verdon, Sainte-Croix-du-Verdon und Bauduen bieten während der Hauptsaison Aquaspaß und leibliche Versorgung. Bauduen auf der südöstlichen Seeseite erscheint im Hochsommer etwas friedlicher als die beiden anderen, wesentlich animierteren Dörfer. Wer auf Urlaubstrubel pfeift, findet rund um den bewaldeten See an steinigen Ufern und in stillen Buchten einsame Idyllen und diskrete Stellen, um dort herrliche Tage und Abende, vielleicht auch laue Nächte im Freien (wenn auch in Gesellschaft blutsaugender Mücken) zu verbringen.

● Lac de Sainte-Croix im Parc naturel régional du Verdon
www.lac-sainte-croix.com, www.stecroixduverdon-tourisme.com
www.lac-sainte-croix.com/bauduen.htm

Lavendel, Erika, Kastanie?

15

Honig kaufen in Valensole

Valensole, ein unspektakuläres, an einen Hügel geschmiegtes Dorf, liegt inmitten von Mandelbäumen. Rundherum erstrecken sich Hartweizen- und Lavendelfelder, soweit das Auge blicken kann. Mit 128 Quadratkilometern für 3000 Einwohner ist Valensole eine der größten Flächengemeinden Frankreichs.
Man sollte meinen, dass sich Touristen im Lavendelparadies auf dem Plateau de Valensole auf die Füße treten. Tatsächlich ist das selten der Fall, während der Lavendelblüte zwischen Mitte Juni und Anfang August oder an Markttagen, und dann hauptsächlich tagsüber. Die Hotspots der Haute-Provence – mit 140.000 Einwohnern der bevölkerungsärmste Landstrich des Südostens – befinden sich in den Verdon-Schluchten und an den Seen von Sainte-Croix und Esparron mit ihren Campingplätzen und Ferienwohnungen. Ausflügler besuchen Valensole, um eine Lavendel-Destillerie zu besichtigen, Kaffee zu trinken und dabei die Einheimischen zu beobachten, wie sie in aller Gelassenheit ihr Tagewerk absolvieren. Vor allem aber stöbern sie in den zahlreichen Läden nach Blütensäckchen, destillierten Extrakten, Ölfläschchen, Seifen und Honig.
„Honig aus der Provence“ ist eine geschützte geografische Angabe, deren Echtheit an dem blauen IGP-Siegel und dem roten Aufkleber „Label Rouge“ erkennbar ist. Die Auswahl an *miel*-Sorten ist vielseitig und nicht auf Lavendel beschränkt. Es gibt cremigen Erika-Honig, der nach Karamell und Kakao schmeckt, würzigen Kastanien- oder tannenharzigen Waldhonig, nach Rosmarin oder Thymian duftende regionale Sorten. 4500 Imker in der Provence und an der Côte d'Azur ernten mit ihren etwa 165.000 Bienenstöcken jährlich rund 2000 Tonnen des goldenen Nektars, mit dem so manches Festessen aromatisiert wird. Speziell dem provenzalischen Honig werden gesundheitsfördernde Kräfte zugeschrieben. Er soll antiseptisch und entzündungshemmend wirken, Verbrennungen heilen, Erkältungen, Bronchitis, Grippe und Bluthochdruck mildern.

TIPP

Das Kuriositätenkabinett Mémoire vivante ist eine Fundgrube an historischen Alltagsgegenständen.

● Miel de Lavande, rue Albert Richaud, 04210 Valensole (Mai bis Ende September) www.lavande-bio.fr
Mémoire vivante de Valensole, 9, place des Héros de la Résistance, 04210 Valensole
● ÖPNV: Züge bis Manosque, von dort Busse nach Valensole

Miel aux Fleurs de Lavande
Magnan L
Producteur
Miel Magnan L
4

Schattige Oase der Ruhe

16

Der Vendôme-Garten in Aix-en-Provence

Im Reigen der vornehmen alten Stadtpaläste von Aix-en-Provence, von denen die meisten den Cours Mirabeau und die Straßen des Quartier Mazarin säumen, sticht das seitlich des Cours Sextius gelegene exklusive „Landhaus" des Herzogs von Vendôme hervor. Der Enkel des Bourbonenkönigs Heinrich IV. und Großcousin von „Sonnenkönig" Ludwig XIV. ließ sich 1664 außerhalb der Stadtmauern dieses prächtige Barockpalais bauen, das bis heute mitten in einem wundervollen öffentlichen Garten thront. Hier traf sich der verwitwete Gouverneur der Provence einst mit seiner ebenfalls verwitweten Geliebten, der als Heiratskandidatin nach Versailler Kriterien nicht standesgemäßen, aber wegen ihrer außergewöhnlichen Schönheit gerühmten Provenzalin Lucrèce de Forbin-Soliés. Um etwaigen Heiratsplänen seines Vetters einen Riegel vorzuschieben, depeschierte der Sonnenkönig eilends nach Rom und erbat einen Kardinalshut für Vendôme. Gesagt, getan. 1667 wurde der Herzog zum Kardinal ernannt, nun blieb er zwar ehelos, ließ aber sein Palais mit diversen Tapetentüren und Geheimgängen versehen, um Madame weiterhin heimlich zu empfangen. Die Geschichte endet traurig, denn die Liebenden starben beide zwei Jahre nach der Hauseinweihung, er 57-jährig, sie wird noch jünger gewesen sein. Die Innendekoration war nicht mal abgeschlossen.

TIPP

Das Museum im Pavillon de Vendôme zeigt Mobiliar und Gemälde des 17./18. Jahrhunderts.

An diese Liebesgeschichte denkt man sicher gern, während man durch den streng im französischen Stil gestalteten Garten schlendert und die beiden riesigen Atlas-Figuren bewundert, die den Balkon des Mittelrisalits auf ihren Schultern tragen. Ursprünglich war das mit korinthischen, ionischen und dorischen Kapitellen versehene Schlösschen einstöckig, durch ein offenes Portal gelangten Kutschen ins Innere. Sein kleiner Park mit Schatten spendenden Bäumen liegt versteckt hinter Mauern, zahlreiche Bänke laden zum Verweilen ein. Der ideale Ort für einen Augenblick der Ruhe, nur zehn Gehminuten von der Rotonde entfernt.

- Pavillon-Musée et Jardin de Vendôme, Zugänge: 32, rue Celony und 13, rue de la Molle, 13100 Aix-en-Provence
- ÖPNV: Citybuslinie La Diabline A oder C, Haltstelle Cours Sextius

Alemannisches Idyll

17 Das Dorf Allemagne-en-Provence

In einer der schönsten Landschaften Frankreichs, im Herzen der Haute-Provence mit ihren weitläufigen Lavendelfeldern, führt die schmale D 952 Richtung Riez und Verdon-Schlucht. Die flimmernde Mittagshitze treibt einen zu einer kurzen Rast auf eine seitlich abzweigende, von Flaumeichen beschattete Allee. Ein Straßenschild verkündet deren erstaunlichen Namen: *Ancienne Route d'Allemagne*. Alte Deutschland-Straße, hier im Süden?

Über den so titulierten Asphaltweg nähert man sich dem malerisch gelegenen Dorf, dessen Häuser wie in die Natur eingewachsen wirken. Die überraschend monumental wirkende Burg besitzt einen massigen Wohnturm, dessen mannshohe Zinnen sicher einstige Angreifer eingeschüchtert haben. Man befindet sich in Allemagne-en-Provence, südlich des Plateau de Valensole.

Es handelt sich nicht etwa um ein Feriendorf für deutsche Provence-Liebhaber, auch nicht um eine Aussteigerkommune deutscher Hippies oder Ökolandwirte. Über die Namensgeschichte des 500-Seelen-Örtchens gibt es mehrere spekulative Thesen, alle gleich interessant. Die Schlossbesitzer berufen sich auf Alemonia, eine der „kleinen" römischen Göttinnen, deren Aufgabe es ist, Embryos zu ernähren. Eine andere Deutung vermutet dahinter den lateinischen Begriff *ara magna* – großer Altar oder große Felsbank. Die dritte Überlegung klingt am wahrscheinlichsten, wenn sie auch nicht besser beweisbar ist als die beiden anderen. Um das Jahr 260 nach Christus überfielen und zerstörten Alemannen die blühende römische Stadt Glanum (bei Saint-Rémy-de-Provence). Zwar weiß man wenig über eine Ausdehnung der Alemannen im südlichen Gallien, aber es gab wohl nach der westgotischen Herrschaft kurze Zeit eine fränkisch-alemannische Union, bevor die Franken die Oberhand gewannen. Warum also sollten nicht ein paar Versprengte unserer frühmittelalterlichen Vorfahren hier eine Kolonie gegründet haben? Den Zusatz „en Provence" allerdings erstritten sich die Einwohner 1953, um ein für alle Mal nicht als Deutsche angesehen zu werden.

TIPP

Das Schloss mit großem Park (nur Führungen) vermietet gehobene Unterkünfte (chateaudallemagne-provence.com).

- Allemagne-en-Provence im Parc naturel régional du Verdon, 67 km nordöstlich von Aix-en-Provence, 12 km südlich von Valensole
https://allemagne-en-provence.dlva.fr
- ÖPNV: Busse von Manosque

commune
du PARC NATUREL
RÉGIONAL
du VERDON
ALLEMAGNE
EN-PROVENCE

Süßsaures für Naschkatzen

18 Im Haus der kandierten Früchte in Apt

Ein in dunkle Schokolade gegossenes Zitronen- oder Orangenstäbchen im Mund zergehen lassen – in diesen Sekunden konzentrierten Gaumengenusses kann die reale Welt rundherum versinken, eine konkrete Erinnerung an einen längst vergessen geglaubten Glücksmoment freisetzen, allein ausgelöst durch den süßsauren Geschmack der kandierten Frucht. Niemand anderes als der französische Schriftsteller Marcel Proust beschrieb je besser die sinnliche Wirkung, die eine „köstliche Substanz" – für ihn war es in Tee getunktes Madeleine-Gebäck – auf den Geist und das Erinnern ausüben kann. Ihn „durchströmte ein unerhörtes Glücksgefühl", ein mit Verliebtheit vergleichbarer Zustand, in dem „mit einem Schlag die Wechselfälle des Lebens gleichgültig" werden.

TIPP

Das Musée d'Apt zeigt die regionale Industriegeschichte der Naturschätze Ocker, Schiefer und Obst.

Was der einen ihr Zitronenstäbchen, ist dem anderen die eingelegte Kirsche, Feige oder Aprikose – in der weitläufigen Boutique der Vertriebsfirma Maison du Fruit Confit in Apt könnte die Auswahl an kandierten Früchten kaum erlesener sein. Das südöstlich von Avignon gelegene Städtchen Apt, geschäftiges Zentrum des Regionalen Naturparks Luberon, gilt als Welthauptstadt der *fruits confits*. Bereits die Römer sollen in der Gegend, die sich aufgrund idealer klimatischer Bedingungen bestens für den Obstanbau eignet, Früchte kandiert haben. Zahlreiche Obstplantagen mit schnurgerade gezogenen Reihen von Aprikosen-, Kirsch-, Birn-, Apfel-, Mirabellen- und Pflaumenbäumen, nur unterbrochen von Confiserien zur Verarbeitung der wertvollen Zuckerbomben, prägen die Landschaft rund um Apt.

Bis ins späte Mittelalter nutzte man Honig, um Früchte haltbar zu verarbeiten. Heute werden sie geputzt, entstielt und entkernt, blanchiert und mehrere Tage in eine Zuckerlösung eingelegt; ein osmotischer Prozess erhöht nach und nach den Zuckergehalt des Obstes auf 70 Prozent und entzieht ihm Wasser. Abschließend wird die Frucht auch äußerlich mit Zucker übergossen und getrocknet – ein langer Herstellungsprozess für ein beliebtes Süßgeschenk.

● La Maison du Fruit Confit, 538 Quartier Salignan, D 900, 84400 Apt
www.lesfleurons-apt.com, www.apt.fr
Musée d'Apt, 788, avenue Victor Hugo, 84400 Apt

● ÖPNV: Züge bis Cavaillon oder Aix-en-Provence, von dort Busse nach Apt

SORTIE
MUSÉE DU FRUIT CONFIT
CERISES
AMARENA
AROMATISÉES
LA MAISON DU
FRUIT CONFIT

Blumen, Bücher, Käse, Kunst

19 Auf dem Grand Marché in Aix-en-Provence

Selbst im tiefsten Winter bieten Blumenhändler bunte Geschenksträuße, frühe Tulpen, Zuchtrosen und andere dekorative Blüten an. Sie stehen abwechselnd auf der zentralen Place de l'Hôtel de Ville, die im Volksmund Place de la Mairie heißt, und an der Place des Prêcheurs unweit der Église La Madeleine. Egal, an welchem Tag Sie sich in Aix aufhalten – nie müssen Sie auf das Vergnügen verzichten, zwischen Ständen mit frischen Angeboten an Obst, Gemüse, Salat, Kräutern, Rohmilchkäse, Gemüsefonds, Wurst, Fleisch, Konfitüren und Honig sowie Meeresfrüchten herumzuschlendern und den Duftcocktail mediterraner Aromen zu erschnuppern. Täglich sind die Lebensmittel- und Fischmärkte kleiner und alternativer Landbetriebe auf der Place Richelme präsent. Dienstags, donnerstags und samstags jedoch verwandelt sich Aix in einen einzigen riesigen Grand Marché, der sich über große Teile der Innenstadt zieht. Allein für dieses Erlebnis lohnt die Reise in die historische Hauptstadt der Provence. Wer einen solchen Tag voll auskosten möchte, gestalte sich den Marktbesuch als Spaziergang. Man starte an der Place de la Mairie (Blumen und am ersten Sonntag im Monat Bücher), gehe über die angrenzende Place Richelme (Lebensmittel, Fisch) weiter ins Quartier Comtal – damit sind die drei zusammenhängenden Plätze Prêcheurs, La Madeleine und Verdun gemeint (Lebensmittel, Kunsthandwerk). Von dort aus gelangt man durch die Passage Agard zum Cours Mirabeau und, sich links haltend, zur Place Forbin, wo nochmals Kunsthandwerker mit Töpferware und Alltagsgeschirr aufwarten. Weiter unten am Cours Mirabeau sind die Stände mit Textilien überladen – vom antiken Spitzennachthemd bis zur eleganten Tischwäsche. Auch der allgemeine Flohmarkt (Brocante) lädt am Cours Mirabeau zum Shopping-Bummeln ein.

Hinzu kommen die kleineren Wochenmärkte in den Stadtteilen Encagne, Les Milles, Luynes, Pont-de-Béraud, Val Saint-André, Les Fenouillères, Pont de l'Arc, Puyricard, Jas-de-Bouffan, Saint-Eutrope, Haux d'Aix.

TIPP

Kunsthändler und Künstler bieten ihre Werke sonntags auf der Place de l'Archevêché an.

- Grand Marché, 13100 Aix-en-Provence
- ÖPNV: Züge von Marseille bis Aix-en-Provence

Provenzalische Spiele

20 Das römische Amphitheater in Arles

Wir stehen auf der obersten Stufe der Arena von Arles. Es ist heiß, ein leichtes Lüftchen streift uns um die Nase. Der blaue Himmel, die klare Luft, das transparente Licht um uns herum, das leise Brodeln des Verkehrs in der Altstadttiefe, die geschichtsträchtigen Steine zu unseren Füßen – das alles schenkt uns einen Moment des Innehaltens, der Ruhe. Eine andere, aufgeladene Stimmung erlebt man an Veranstaltungstagen, wenn Tausende Menschen in den bald 2000 Jahre alten monumentalen Freiluftbau strömen. Die umstrittene Tradition des spanischen Stierkampfs wird in Arles weiterhin gepflegt. Dennoch sollte man das römische Amphitheater nicht links liegen lassen, sondern vielleicht an einem unblutigen provenzalischen Stierkampf *(Course camarguaise)* oder besser noch an einer der wunderschönen Dressur-Darbietungen *La Camargue aux arènes* teilnehmen.

TIPP

Ende August lässt Arles mit dem Festival Arelate die Römerzeit aufleben (www.festival-arelate.com).

Der am höchsten Punkt der Stadt errichtete, dem Vorbild des Kolosseums in Rom nachgebildete ovale Bau – 136 Meter lang, 107 Meter breit, ursprünglich mit 60 Senkrechtachsen, drei Arkadengeschossen, 34 Rängen mit mehr als 20.000 Plätzen – ist der größte seiner Art in der ehemaligen Provinz Gallien.

Nur 35 Kilometer entfernt in Nîmes im Languedoc gibt es ein ähnliches Bauwerk. Es erreicht beinahe die gleichen Maße und ist etwas besser erhalten. Dort finden ebenfalls Stierkämpfe, aber auch kulturelle Events statt, allen voran die gigantischen Theaterspektakel der Jeux Romains mit Schaukämpfen von Gladiatoren, Wagenrennen und triumphalen Kostümauftritten römischer Heere.

Die gibt es in Arles auch, dennoch gehört diese Arena vor allem den Tieren. Bei einer *Course camarguaise* verlassen die in der Camargue für diesen Zweck gezüchteten Stiere das Spielfeld lebendig. Verletzungen erleiden eher die menschlichen *razeteurs* in weißer Kluft, und zwar häufiger durch ihre gewagten Kopfsprünge über die Barriere, teils mit Salto, als durch die Hörner des Stiers. Ihre Aufgabe ist es, dem Tier die *cocarde* vom Kopf zu reißen, und das möglichst elegant. Dann tobt die Menge vor Aufregung, Begeisterung oder Unzufriedenheit. Ein Erlebnis.

- Amphitheater von Arles, 1, Rond-Point des Arènes, 13200 Arles www.arenes-arles.com
- ÖPNV: Zug oder Bus bis Arles, weiter mit City-Bus L1–L7

PAUL RICARD
MORA

Gute Tropfen der Päpste

21 Über den Weingärten von Châteauneuf-du-Pape

Châteauneuf-du-Pape war die Sommerresidenz der Päpste, die in Avignon residierten. Johannes XXII. ließ ab 1318 auf einem rebenbewachsenen Hügel auf halbem Weg nach Orange ein „neues Schloss" errichten. Davon blieb eine Ruine mit Turm und Burgmauer. Von ihr aus eröffnet sich ein herrlicher Blick über die rötlich-braunen Dächer des Dorfes bis hin zum in der Ferne schimmernden silbernen Band der Rhône. Auf der Ostseite reiht sich Weingut an Weingut, in deren Gärten knorrige alte Grenache-Reben stehen.

Eine beliebte Prüfungsfrage für Sommeliers lautet: Welche Rebsorten sind für den legendären Châteauneuf-du-Pape zugelassen? 13 Rebsorten erfüllen die hohen Qualitätsansprüche. Mit 70 Prozent dominiert die säurearme, kräftige Grenache; sie wird mit tanninhaltigeren Trauben wie Syrah, Cinsault und Mourvèdre zu einer hocharomatischen Cuvée komponiert.

TIPP

Verkostungen mit Wein von 100 Gütern bietet Vinadea Maison des Vins Châteauneuf-du-Pape an.

Was macht nun diesen speziellen Rebensaft so groß, die Gaumenfreude so exquisit? Es sind die *galets roulés:* Große braune Kieselsteine in den Böden der Weingärten speichern die Sonnenwärme des Tages, um sie nachts an die Weinstöcke abzugeben. Die „Marke" Châteauneuf-du-Pape, von deren Trauben 320 Winzer etwa 100.000 Hektoliter Wein im Jahr produzieren, schließt auf mehr als 3100 Hektar die benachbarten Schwemmböden von Orange, Sorgues, Bédarrides und Courthézon ein. Eine je nach Mikrostandort der Weinstöcke ganz unterschiedliche Beschaffenheit des Untergrunds beeinflusst die typische Note der Traube. Heiße, trockene Sommer und kühle, feuchte Winter bilden die Basis für den Wein mit der ältesten geschützten Herkunftsbezeichnung Frankreichs. Vielleicht noch entscheidender ist jedoch der Mistral, der aus den Alpen kommend mit bis zu 100 Stundenkilometern gen Süden rast und dabei die Blätter der Rebstöcke wahrhaft in Windeseile von Viren und Pilzen befreit. Ohne ihn fehlte der spezielle *goût* der Trauben, aus denen die regionalen Winzer einen der köstlichsten – und in guten Jahrgängen einen der teuersten – Tropfen Frankreichs pressen.

- Château des Papes, 84230 Châteauneuf-du-Pape
  www.chateauneuf.com, vinadea.com
- ÖPNV: Busse von Orange und Avignon; SNCF-Bahnhof in Sorgues (8 km)

Lebensgier, schlicht im Tod

22

Das Grab von Albert Camus in Lourmarin

Kann ein Friedhof ein Glücksort sein, eine Grabstätte zu besuchen etwas Erfüllendes? Denken wir an die berühmten Pariser Friedhöfe Père Lachaise oder Montparnasse mit den Gräbern von Edith Piaf und Simone de Beauvoir! Dort legen Fans aus aller Welt Blumen und Steine ab. Eine Pilgerstätte für Literaturfreunde stellt der Friedhof von Lourmarin dar, wo der Nobelpreisträger Albert Camus seine letzte Ruhestätte fand. Der Ort ist heute ein gelecktes „schönstes" Luxusdorf. 1958 hatte der Autor der weltberühmten Romane *Die Pest* und *Der Fremde* dort ein Haus gekauft, in dem bis heute die Familie seiner Tochter lebt. Am 4. Januar 1960 war er als Beifahrer seines Verlegers Michel Gallimard auf dem Weg nach Paris 47-jährig tödlich verunglückt.

Der Existenzialist Camus, als Sohn von Algerienfranzosen in bitterer Armut in Algier aufgewachsen, wurde in Paris politischer Weggefährte und literarischer Rivale von Jean-Paul Sartre. Er war der vielleicht wichtigste Moralist des 20. Jahrhunderts. Mit seinem Lebensmotto „Lebe tief und heftig" und einer gegenwartsbezogenen Glücksvorstellung, die an Lebensgier grenzte, beeinflusste der Existenzialist die Hippie- und 1968er-Generation. „Bin ich glücklich oder unglücklich?", fragte Camus sein Tagebuch und gab auch gleich die Antwort: „Die Frage ist kaum von Bedeutung. Ich lebe mit solcher Besessenheit." Die Sonne, das Licht und der Himmel des Luberon erinnerten ihn an die Stimmung seiner algerischen Herkunftslandschaft: „ein Land, feierlich und herb, trotz seiner überwältigenden Schönheit". In Lourmarin schien der nomadische Intellektuelle bei sich angekommen zu sein: „Mir gefällt, dass ich endlich einen Friedhof gefunden habe, wo man mich begraben wird. Dort werde ich gut liegen", sagte er einem Freund.

Zum Glück lehnten die Erben den Vorschlag von Präsident Sarkozy ab, ihren Vater aus der bescheidenen, mit Lavendel bepflanzten Grabstätte in Lourmarin ins Pariser Panthéon zu den anderen Größen Frankreichs zu überführen.

TIPP

Das Renaissanceschloss von Lourmarin auf einem Hügel am Dorfrand ist sehenswert (www.chateau-de-lourmarin.com).

- Friedhof von Lourmarin (südliche Dorfausfahrt), 84160 Lourmarin
- ÖPNV: Busse von Avignon und Apt

ALBERT CAMUS
FRANCINE FAURE

Schutz für Mensch und Vieh

23 Im Museumsdorf Village des Bories bei Gordes

Trulli auf Sardinien, *dingle* in Irland, *bombo* in La Mancha, *chibotte* in der Auvergne, *cabane* im Rhône-Tal – und *borie* im Luberon. All diese Bezeichnungen stehen für dasselbe: eine meist bienenkorbförmige, spitz zulaufende, mörtelfrei geschichtete Steinhütte, mal menschliche Behausung, mal Verschlag für Haustiere. Vereinzelt stößt man an versteckten Stellen im ländlichen Mittelmeerraum noch auf solche Sommeriglus – in der Türkei, in Portugal und Israel, auf Kreta und Malta, in Marokko und Tunesien. Ein zufällig erhaltenes ganzes Dorf mit funktionsgebundenen derartigen Hütten zu finden, erscheint aussichtslos. Aussichtslos? Nein, da ist das Museumsdorf Village des Bories bei Gordes im Luberon: ein Weiler mit etwa 30 Hütten, dessen Besuch eine Entdeckungsreise der außergewöhnlichen Art darstellt. Während die Kinder in dem unwegsamen Gelände juchzend über Stock und Stein hüpfen, sich voreinander verstecken, jubelnd ihre Köpfe aus den niedrigen Viehställen herausstrecken, bestaunen die Erwachsenen die archaischen Mauertechniken ebenso wie die überaus gelungene Restaurationsarbeit.

TIPP

Im Moulin du Clos des Jeannons in Gordes pressen wie in alten Zeiten Mühlsteine die Oliven (www.moulin-jeannons.com).

Die beschriebene Bauweise wurde in der Provence bereits in der Jungsteinzeit praktiziert. Diese Bories stammen aber aus dem 16. bis 19. Jahrhundert. Sie dienten einfachen Bauern aus der Umgebung, Schaf- und Ziegenhirten als Regenschutz und provisorische Unterkunft. Es gab Funktionshütten zum Brotbacken, Korndreschen, zum Lagern von Wein; ein ummauerter Gemeinschaftshof schützte vor dem Mistral und wilden Tieren. Auf die Wiederentdeckung des vollkommen zugewucherten, verfallenen Weilers im Jahr 1969 folgten Jahre intensiven Wiederaufbaus. Durch das Backhaus wuchs ein Baum, Mäuerchen lagen darnieder, der alte Olivenhain war zerstört, Häuser durchlöchert.

Wenn wir jetzt durch das überaus charmante Dörfchen stapfen, vermischt sich das Farbenspiel der von grell zu mild changierenden Sonnenstrahlen mit dem Patinagrau der Kalksteine und dem unaufhörlichen Kreischen der Zikaden zu einem visuell-akustischen Sinnenrausch.

- Village des Bories, Les Savournins, D 2 Route de Cavaillon, 84220 Gordes, www.levillagedesbories.com
- ÖPNV: Bus von Cavaillon bis Gordes (einmal am Tag), Haltestelle an der D 2 (1,7 km zu Fuß)

CHEVRIÈRE
GOAT-PEN

Traum aus Holz und Eisen

24 Die historische Brücke bei Mallemort

Überquert man die Durance, den Hauptfluss der Provence, aus dem alten Dorf Mallemort kommend Richtung Petit Luberon im Norden, erlebt man eine Überraschung. Neben der modernen Brücke, auf der Lastwagen in furchterregender Nähe an wagemutigen Radlern vorbeidonnern, verbindet eine altertümliche zweite Brücke die Flussufer. Die 320 Meter lange, von Eisenbändern gehaltene Hängebrücke mit einer 6 Meter schmalen hölzernen Fahrbahn wurde zwischen 1844 und 1848 auf Veranlassung von König Louis Philippe gebaut und ist seit 1980 gesperrt. Einst verkaufte ein Brückenwärter Passierscheine und kontrollierte, dass nur Fahrzeuge überführt wurden, die weniger als 2,5 Tonnen wogen. Als eines der letzten Monumente seiner Art in der Provence bezeugt das denkmalgeschützte Bauwerk die im wörtlichen Sinne verflossenen Launen der Durance mit enormen Hochwasserschäden. Mehrfach riss der Fluss Teile der Brücke mit sich, aber das war nichts gegen die Bombenschäden des Zweiten Weltkriegs. Unermüdlich wurde an dem *pont,* dessen Aufhängung durch acht Pfeiler gestützt wird, restauriert und ausgebessert. Bläst der Mistral heftig, schwankt die Brücke mehr oder weniger sacht im Wind – ach, wie gern würden manch Abenteuerlustige gerade dann auf ihr wandeln und sich an die Brüstung klammern!

Die Durance, wie der Mistral zugleich Segen und Geißel der Region, gilt als kapriziös. Der Fluss entspringt in den französischen Alpen und mündet nahe Avignon in die Rhône. Auf seinem Weg durchquert er herrliche Landschaften wie die fruchtbare Ebene des Pays d'Aigues zu Füßen des Luberon. Er markiert die Grenze zwischen Vaucluse und Bouches-du-Rhône. Dabei erfährt er allerhand Eingriffe des Menschen in seine ungestüme Natur. Mehrfach wurde die Durance gestaut. Der 1961 entstandene Lac de Serre-Ponçon als größter Stausee Frankreichs und diverse Kanäle beruhigen das einstige Hochwassergebiet, verschaffen Mensch und Tier Trinkwasser, bewässern die Obstplantagen und speisen die Stromerzeugung.

TIPP

Im oberen Flusslauf der Durance finden Wildwasserpaddler ihr Glück, alle Wassersportler am Lac de Serre-Ponçon.

● Vieux Pont de Mallemort, D 23e/D 32, 13370 Mallemort
● ÖPNV: Busse von Aix-en-Provence

Am Puls der Hafenstadt

25 Im alten Hafen von Marseille

Die Einfahrt des Vieux Port, des alten Hafens von Marseille, liegt zwischen zwei Festungen. Der Yachthafen – einer von 89 in der Region Provence-Alpes-Côte d'Azur – bietet deshalb viel mehr als üblicherweise ein Wasserparkplatz für Freizeitboote. Wenn man überhaupt ein Zentrum im pulsierenden Großraum Marseille (um die 100 Viertel!) ausmachen möchte, dann sind es die zu jeder Tages- und Nachtzeit belebten Promenaden, Quais und Plätze, die das Hafenbecken dreiseitig umschließen. Spannend ist es, sich in einem der Hotels mit Hafenblick einzuquartieren und das bunte Treiben von oben zu beobachten. Von hier starten die Ausflugsschiffe auf die vorgelagerten Inseln, zum alten Hafen l'Estaque und in die Calanques-Buchten. Das lustige *Le Ferry Boat* transportiert für ein paar Cent alle Fußlahmen zwischen Quai du Port und Quai de Rive Neuve hin und her. Über allem Irdischen schwebt die Wallfahrtskirche Notre-Dame de la Garde, auch genannt *la bonne mère,* die gute Mutter – das Wahrzeichen Marseilles.

TIPP

In Hafennähe liegt die älteste Boulangerie: Le Four des Navettes de Saint-Victor (136, rue Sainte).

Frühmorgens zieht der Fischmarkt am alten Hafen Flaneure an, deren Kühltaschen sie als kulinarische Jäger ausweisen. Hier tummeln sich Chefköche und Hausfrauen, gleichermaßen auf der Suche nach Fisch für eine Marseiller Bouillabaisse nach Geheimrezept. Auf dem Fischmarkt hoffen sie, die frischen Basiszutaten dafür zu entdecken, möglichst viele der vorgeschriebenen sieben Fischsorten: Drachenkopf *(rascasse),* Knurrhahn *(grondin)* und Meeraal *(congre),* dazu Wolfsbarsch *(loup),* Steinbutt *(turbot),* Seezunge *(sole)* und Rotbarbe *(rouget),* eventuell noch Seeteufel (*lotte*).

Den weitläufigen Fußgängerplatz an dieser schmalen Seite des Hafens überzieht ein erstaunliches, sechs Meter hohes, gut tausend Quadratmeter großes filigranes Stahldach, in dessen Unterseite sich alles spiegelt, was am Boden passiert. Es handelt sich um eine Designkreation des weltberühmten Londoner Architekten Norman Foster, und nicht nur Kinder und Verliebte treiben ihre Späße mit ihr.

● Vieux Port, 13000 Marseille
www.marseille-tourisme.com
● ÖPNV: Metro 2, Station Vieux-Port; Tram 3, Haltestelle Cours Saint-Louis

Oeno, Öko, Bio

26

Auf Weintour durch den Naturpark Alpilles

Oenotourisme – Weintourismus, das ist kein völlig neues Zauberwort der Branche. Der Weinkenner, der mit dem Auto von Verkostung zu Verkostung fährt und sich dann den Kofferraum für die Heimfahrt mit Weinkartons vollädt, ist allerdings mehr oder weniger passé. Lieber verdient man sich kommende Gourmetfreuden während der Ferien bei sportlicher Ertüchtigung – zu Fuß, mit dem Fahrrad oder auf einem Ausritt – und nimmt dabei mit allen Sinnen die Schönheit der Natur in sich auf.

Auf dieses Bedürfnis reagierte die Landwirtschaftskammer für die Region Provence-Alpes-Côte d'Azur mit der Initiative *Les Routes des Vins de Provence*, der sich 446 Winzer und Kellereien angeschlossen haben. Anhand einer Karte finden Weinliebhaber nicht nur Domaine-Listen, sondern zwölf Routenvorschläge mit 89 Domaine-Etappen. Eine der schönsten Strecken führt 57 Kilometer durch das Kalksteinmassiv der Alpilles mit neun Stoppmöglichkeiten bei Winzern – angefangen in der Domaine Dalmeran in Saint-Etienne-du-Grès, endend in der Domaine des Terres blanches bei Saint-Rémy-de-Provence.

TIPP

Die Website des Naturparks Alpilles listet Direktverkäufer landwirtschaftlicher Erzeugnisse auf.

Der Höhenzug der Alpilles ist eher bescheiden, sein höchster Gipfel, die Tour des Opies, weist gerade mal 498 Höhenmeter auf. Das helle, zerklüftete Gestein kann es jedoch an visueller Dramatik mit den „echten" Alpen aufnehmen. Der Regionale Naturpark Alpilles ist wie geschaffen für einen sanften Tourismus. Die Landschaft ist geprägt von karger Macchia auf den Höhen und fruchtbaren Südhängen. Hier wachsen Oliven, aus denen Öle von Weltruf entstehen, Weintrauben, Auberginen und Kräuter, dazu erzeugt die biologische Landwirtschaft Ziegenkäse, Honig und vieles andere. Die Tour-Etappen selbst erweisen sich als das eigentliche Ziel. Man wandert, radelt oder reitet durch Oliven-, Wein- und Obstfelder, kommt an Hofzufahrten zu alten provenzalischen *mas*-Bauernhöfen vorbei mit den typischen Steinhäusern und Schatten spendenden Zypressen. Dieser Duft, dieser Himmel, diese Naturkulisse – das pure Glück!

● Les Routes des Vins de Provence, www.routedesvinsdeprovence.com
www.parc-alpilles.fr
● ÖPNV: Bus 29 (Arles–Salon-de-Provence), Bus 57 (Avignon–Saint-Rémy-de-Provence–Maussane-les-Alpilles)

Rot, röter, am rötesten

27

Das Ockerdorf Roussillon im Luberon

Das Wort *rousse* ist die weibliche Form von roux – rot, rotbraun. Man ahnt schon, welches Bild uns in Roussillon, einem der staatlich attestierten „schönsten Dörfer" Frankreichs im Luberon, empfängt – und ist doch überwältigt. Häuser in kräftigen, rot-orange-gelb-violett changierenden Farben. Rundherum hohe Ockerfelsen. Auf dem *Sentier des ocres* am Dorfrand pilgern fast täglich Menschen zu den Ockerbrüchen. Das einstige Zentrum des Ockerabbaus zählt zu den eindrucksvollsten Zielen einer Provence-Reise. Ein Spaziergang durch die teils gepflasterten Gassen, über Treppen und schottrige Wege hinauf zur dörflichen Anhöhe, von der aus man über Ockerfelsen ins weite Land bis zum Mont Ventoux blickt, kann vor allem in sonnigen Morgenstunden und bei Sonnenuntergang zum besonderen Lichterlebnis werden. Dann glänzen die rot verputzten Mauern der Häuser. Ihre schadhaften, oft nachlässig mit Ziegelsteinen ausgebesserten Stellen gaukeln uns einen absichtsvoll pittoresken Vintage-Stil vor, den es gar nicht gibt. Das blumengeschmückte rote Rathaus mit grünen Fensterläden allerdings wirkt perfekt gestylt.

Die rote Erde ringsum schätzten schon die Römer und nutzten sie zur Farbproduktion. Noch vor hundert Jahren gehörte Roussillon dank blühender Ockerindustrie zu den wohlhabendsten Orten des Midi. Ockerpigmente wurden zur Herstellung von Künstlerfarben und Wandtünche verwendet, spielten eine Rolle bei der Kautschuk- und Linoleumverarbeitung, auch als Wurstpelle und als Kolorierung von Mais-Zigarettenpapier der Marke Gitanes Maïs – bis synthetische Farbtechnologien sich durchsetzten. Das alte Ockerdorf aber weiß immer noch mit seinen Pfunden zu wuchern, nun für Touristen, mit dem Ockermuseum Ôkhra in einer ehemaligen Farbenfabrik an der D 104 Richtung Apt und mit den *Mines de Bruoux* im Nachbarort Gargas. Dort wird man durch ein langes unterirdisches Stollensystem geleitet, das die geologischen, historischen und industriegeschichtlichen Schätze der Gegend plastisch vermittelt.

TIPP

Der Künstler Régis Mathieu schuf in Gargas (6 km) eine glitzernde Lüsterwelt (Galerie, Boutique).

● Mairie de Roussillon, place de la Mairie, 84220 Roussillon, www.minesdebruoux.fr, www.okhra.com, www.mathieulustrerie.com
● ÖPNV: Busse von Cavaillon (einmal am Tag)

Hollywood in der Provence

28 Auf den Spuren von Marcel Pagnol

„Der Grund, weshalb es so vielen Menschen schwerfällt, glücklich zu sein, besteht darin, dass sie sich die Vergangenheit beschönigen, die Gegenwart schlimmer finden, als sie wirklich ist, und die Zukunft komplizierter, als sie sein wird." Eine der zahlreichen schelmischen Lebensweisheiten, die von Marcel Pagnol (1895–1974) überliefert sind und die Figuren seiner Theaterstücke, Erzählungen, Romane und Filme verkörpern.

Das Werk des wohl populärsten „Dichters der Provence" spielt überwiegend in Marseille, in den ländlichen Gegenden rund um seinen Geburtsort Aubagne und in der Hügellandschaft der Collines du Garlaban bei La Treille. Bekannt wurde Pagnol 1929 mit den in Paris aufgeführten Theaterstücken *Marius* und *César*, deren Marseiller Lokalkolorit das Publikum begeisterte. Beide wurden verfilmt. Anschließend gründete Pagnol in Marseille seine eigene Filmproduktion und schuf Klassiker wie *Die Frau des Bäckers* nach einer Erzählung von Jean Giono und *Angèle* mit französischer Starbesetzung. Die Schwelle vom Erfolg zur Berühmtheit überwand er in den 1950er-Jahren mit der autobiografischen Romantrilogie *Eine Kindheit in der Provence* mit den Bänden *Der Ruhm meines Vaters, Das Schloss meiner Mutter, Die Zeit der Geheimnisse,* posthum mit herrlichen Landschaftsaufnahmen verfilmt, auch in deutschen Kinos ein Kassenschlager.

TIPP

Als Urlaubslektüre empfiehlt sich außer der Trilogie Eine Kindheit in der Provence auch Die Wasser der Hügel.

Den Spuren Pagnols kann man auf diverse Weise folgen. Die Rundfahrt *Circuit Pagnol* führt zu Schauplätzen seines Lebens und Schaffens, angefangen im Geburtshaus-Museum in Aubagne. Die Familiengrabstätte der Pagnols befindet sich in La Treille. Am spannendsten gestaltet sich ein Besuch im Château La Buzine in Marseille, das Pagnol 1941 kaufte und zu einer Art Hollywood der Provence machen wollte. Dies gelang nicht, 1942 beschlagnahmte es das deutsche Militär. 1995 erwarb die Stadt Marseille das mittlerweile verfallene Schloss und verwandelte es in ein großartiges, lebendiges Filmmuseum mit einer Dauerausstellung über Pagnols Filmschaffen.

● Maison des cinématographies de la Méditerranée, château de La Buzine, 56, traverse de La Buzine, 13011 Marseille, www.labuzine.com
Circuit Marcel Pagnol, www.marseille.city-life.fr
● ÖPNV: Züge von Marseille bis Aubagne

Schwindelerregend

29 Am und auf dem Pont du Gard bei Nîmes

Bereits bei der Betrachtung dieses Meisterwerks römischer Ingenieurskunst kann es einem schwindlig werden. Das beginnt bei den Superlativen: 2000 Jahre alt, höchste römische Brückenkonstruktion weltweit, UNESCO-Weltkulturerbe, ausgezeichnet mit dem Label *Grand Site de France*. Der Aquädukt war Teil einer gut 50 Kilometer langen Wasserleitung von der Eure-Quelle bei Uzès zur römischen Großstadt Nîmes und versorgte deren Einwohner jahrhundertelang täglich mit 20.000 Kubikmetern frischem Quellwasser. Errichtet wurde er in Schwerstarbeit von etwa 1000 Arbeitern mit 6 Tonnen schweren Quadern, in Summe 50.000 Tonnen Stein.

Nun gibt es rund um das Mittelmeer allerhand eindrucksvolle Bauwerke, die vom Ehrgeiz der Römer zeugen, bleibende Spuren möglichst für die Ewigkeit zu hinterlassen. Wenige jedoch wecken so starke Gefühle bei den Menschen und regten Poeten, Philosophen und Essayisten so zu Elogen an wie dieses gewaltige Arkaden-Opus über dem Fluss Gardon. Der Provence-Schriftsteller Marcel Pagnol erzählt, dass sein Großvater, ein Steinmetz, voller Ehrfurcht über die Steine strich. Auf den Romancier Stendhal wirkte der Bau wie „erhabene Musik".

TIPP

Die lohnende Paddeltour von Collias bis Remoulins ist im Frühsommer möglich, später hat der Gardon Trockenlücken.

Uns Jungspunde kitzelte damals die Abenteuerlust: das 3 Meter schmale, 48 Meter hohe, 275 Meter lange Dach der obersten Etage zu erklettern und, Mutprobe für die einen, leichtsinniger Spaß für die anderen, mit Pudding in den Beinen in luftiger Höhe den Gardon zu überqueren, dabei vielleicht noch einen leichten Windstoß des Mistral zu spüren – herrlich aufregend. Noch der *Guide Vert Michelin* der 1980er-Jahre empfiehlt diesen Balanceakt als „angenehmste" aller Besichtigungen, „außer Personen, die nicht schwindelfrei sind". Heute undenkbar, alles abgesperrt. Mein Rat: Nähern Sie sich dem Pont zu Fuß von Saint-Bonnet-du-Gard aus (Rive Droite, 3 km). Picknicken Sie am Gardon, nehmen Sie ein erfrischendes Bad. Buchen Sie eine Führung durch den 1,20 Meter breiten Wasserkanal der obersten Etage.

- Pont du Gard, 30210 Bégude de Vers-Pont du Gard (Parkplatz linkes Ufer), www.pontdugard.fr
- Busse von Nîmes nach Vers-Pont du Gard

Die „Juden des Papstes“

30 In der Rokoko-Synagoge von Cavaillon

Das auf erholsame Weise unscheinbare Städtchen Cavaillon liegt malerisch in einem Tal zwischen der Durance und deren Nebenflüsschen Coulon. Seine Geschichte ist turbulenter, als man glauben mag. Die Anwesenheit französischer Juden in der Provence in früheren Jahrhunderten bezeugen die prachtvoll im Rokokostil ausgestatteten Innenräume der Synagoge in der schmalen „hebräischen“ Gasse. Hier lebten jüdische Familien einst auf engstem Raum, mit strenger Ausgangssperre zwischen zwei bewachten Toren.

Der französische König Philipp II. hatte im Juli 1306 alle Juden verhaften, ihres kompletten Besitzes berauben und ins Exil verbannen lassen. Flüchtlinge strömten in Nachbargebiete, die (noch) nicht zum französischen Staat gehörten: nach Lothringen, Burgund, Savoyen und in Teile der Provence. Viele Familien hatten das Glück, in der päpstlichen Grafschaft Venaissin Asyl zu finden. Dort ging es toleranter zu als andernorts, obwohl zahlreiche Vorschriften und Verbote auch die „Juden des Papstes“ diskriminierten.

Die liebevoll restaurierte zweistöckige Synagoge entstand 1772 auf den Resten eines älteren Gotteshauses. Wegen ihrer außergewöhnlichen Möblierung im Louis-quinze-Stil gehört sie zu den bemerkenswertesten jüdischen Betsälen in Westeuropa. Eine Besichtigung – nur mit Führung möglich – sollte man sich nicht entgehen lassen, denn ihr architektonischer und ornamentaler Stil ist einzigartig. Blattgold verziert großzügig die Tribüne und den Elias-Stuhl. Die Decken- und Wandvertäfelungen sind aus lackiertem Holz, die Wände bunt in Altrosa gestrichen und mit Muschel-, Schnecken-, Blumen- und Olivenmotiven geschmückt. Verwunderlich: Hier sieht man dekorative Elemente wie in einem Privatsalon des 18. Jahrhunderts – oder in einer christlichen Kirche. Dies könnte daran liegen, dass den Juden bis zur Französischen Revolution 1789 fast alle Handwerksberufe verwehrt waren und die Rokoko-Gestaltung deshalb ein christlicher Innenarchitekt verantwortete.

TIPP

Ein sehr empfehlenswertes Café-Restaurant in Synagogen-Nähe ist das Café de Paris, 33, rue Gambetta.

- Synagogue et Musée juif comtadin, rue Hébraïque, 84300 Cavaillon www.cavaillon.fr/la-synagogue.html
- ÖPNV: Züge von Avignon, Busse von Apt, Aix-en-Provence, Marseille, Carpentras

Bei Tapenade und Pastis

31 Winterfreuden in Aix-en-Provence

Wolkenfreier Himmel, kräftige Sonne, blauer Lavendel, tiefe Schluchten, kühlendes Badenass, spritziger Rosé, quietschsüßes Meringue-Eis? Winterträume für Sommersüchtige. Natürlich gibt es auch in Aix-en-Provence und überall in Frankreichs Midi graue, regnerische, verhangene, kalte und windige Tage, die aufs Gemüt drücken. Doch sobald der Mistral bläst, verjagt er die Wolken. Frühmorgens ein Plausch mit der Bäckerin, Frühstück bei milden 14 Grad auf Balkon oder Terrasse, spontaner Edelrestaurant-Besuch, Spaziergang zu verwaisten Altertümern – kleine und doch erfüllende Glücksmomente der Wintermonate. Ganz objektiv lacht die Sonne in der Provence öfter vom Himmel als in der trüben deutschen Heimat – auch in der kalten Jahreszeit. Das Département Bouches-du-Rhône mit Aix-en-Provence und Marseille steht mit mehr als 3000 Sonnenstunden jedes Jahr auf Platz eins im Schönwetter-Ranking des Hexagons. Zum Vergleich: Die sonnenreichsten Gegenden Deutschlands auf Usedom, Rügen und im Westallgäu bringen es auf 1800 bis 2100 lichtdurchflutete Stunden im Jahr.

Kulinarische Winterfreuden: Nach der Olivenernte im November entsteht die „Speise der Götter", wie Jean Giono das hochwertige Öl bezeichnete, die Basis für die *tapenade*-Paste mit Kapern und Anchovis. Dazu trinkt man statt des Rosé vielleicht einen innerlich wärmenden Pastis, mit wenig Wasser verdünnt. Als Hauptgang gibt es dicke Gemüsesuppe, Cassoulet oder Bouillabaisse, anschließend den regionalen Ziegenkäse Banon, als Dessert Calissons d'Aix. Vom Barbaratag am 4. Dezember bis zu Dreikönig am 6. Januar schmücken sich die Städte und Dörfer mit farbenfrohen, oft kitschigen, schillernd blinkenden Sternen, Tannenzweigen, Kugeln und ganz unprovenzalischen Elchen. In den Kirchen wollen Krippen mit *santons*-Figuren bewundert werden, die bis *La Chandeleur* (Mariä Lichtmess am 2. Februar) zu sehen sind – ein katholischer (nicht staatlicher) Feiertag, auch bekannt als *Crêpes*-Tag, dem sich nicht nur Papisten lustvoll hingeben.

TIPP

Feinschmecker lernen die provenzalische Küche mit ihren betörenden Genüssen eher im Winter kennen.

● Weihnachtsmärkte in Aix-en-Provence (Cours Mirabeau), Marseille (Place Charles de Gaulle) und Avignon (Place de l'Horloge)

BISTRO ROMAIN

Ein Berg wie ein Gemälde

32

Montagne Sainte-Victoire bei Aix-en-Provence

Die Montagne Sainte-Victoire gehört zu den *Grands Sites de France*, denen allerhöchste Attraktivität bescheinigt wird. Man muss sie nicht persönlich gesehen haben, um bei ihrer Erwähnung ein Bild von ihr vor Augen zu haben – in kräftigen, berührenden Farben. Mehr als 80 Ölgemälde und Aquarelle malte Paul Cézanne in seinen letzten Lebensjahren wie besessen vom Hausberg von Aix. Hausberg – das klingt harmlos und lieblich. Aber diese Vorstellung ist ebenso falsch, wie wenn man die von Aix aus sichtbare Bergansicht in der Form eines Dreispitzes für die einzig richtige Perspektive hält.

Der Irrtum erschließt sich, sobald man die idyllischen Landstraßen Richtung Picassos Schloss Vauvenargues oder südlich Richtung Puyloubier befährt. Tatsächlich handelt es sich um einen steil abfallenden Gebirgszug, der sich 18 Kilometer von West nach Ost zieht. Das Ungetüm aus Kalk ruht dominierend in der Landschaft „wie ein Wal" – ein Vergleich, den Literaturnobelpreisträger Peter Handke in seinem Buch Die *Lehre der Sainte-Victoire* anstellte. Genau wie Cézanne fühlte sich der Schriftsteller von dem Bergmassiv herausgefordert, versuchte, ihm wandernd eine Wahrheit zu entreißen, „einen Punkt" der Erkenntnis zu finden. Während eines Spaziergangs erlebt er einen durch Farben ausgelösten „Beseligungsmoment", was man nicht unbedingt als übersinnliche Erfahrung verstehen muss. Handke ging es in der „Lehre" um seine poetische Ausrichtung auf eine Ästhetik des Schönen (wofür Literaturkritiker ihn seitdem als unpolitisch verprügeln).

TIPP

Eine Kammwanderung führt vom Kreuz über den Pic des Mouches zum Dorf Puyloubier im südlichen Tal.

Ganz praktisch begeben sich jährlich um die 70.000 Wanderer, Botaniker, Vogelbeobachter und Spaziergänger auf Glücksuche an und auf den Berg. Das Gipfelkreuz Croix de la Provence (946 m) und den eigentlichen Gipfel Pic des Mouches (1011 m) erklimmt man am leichtesten vom Wanderparkplatz Les Cabassols aus. Der Sockel des Kreuzes enthält Inschriften in den vier historischen Sprachen der Provence: Griechisch, Lateinisch, Französisch und Provenzalisch.

- Montagne Sainte-Victoire, ab 13100 Aix-en-Provence D 10 nach Vauvenargues oder D 17 nach Puyloubier
- ÖPNV: Bus 110 von Aix-en-Provence bis Puyloubier; Bus 140 bis Vauvenargues Busbahnhof

Rosen, Mandeln, Mimosen

33

Im Museum für Kernseife aus Marseille

Das kleine Seifenmuseum und nebenan die Boutique mit Seifenprodukten auf der Südseite des alten Hafens von Marseille sind in geschichtsträchtigen Räumen untergebracht, zu denen die lieblichen Düfte, die ihnen heute entströmen, so gar nicht passen wollen. Die gesamte Uferbebauung diente zwischen den 1660er-Jahren und 1748 als Militärarsenal. Hier legte man die Galeeren von Ludwig XIV. auf Kiel und wartete sie auch. Marseille war der Heimathafen der berühmten Riesengaleere Reale mit 167 Seeleuten und 410 an Riemen angeketteten Sträflingen, darunter verfolgte Hugenotten. Zugegeben, es ist nicht schön, an das unglückliche Schicksal dieser Menschen zu denken, aber ihre Geschichte ist durch die Räumlichkeiten mit dem interaktiven *Musée du Savon* verbunden, das auch der Galeerenhistorie gedenkt.

Derselbe Ludwig XIV. nämlich, bekanntlich einem luxuriösen Hofleben nicht abgeneigt, erließ 1688 ein Reinheitsgebot für Seife. In der Folge entstanden Seifenfabriken, die im 18. Jahrhundert eine wirtschaftliche Blütezeit erlebten, weil die bis dahin verwendete Pottasche (Kaliumkarbonat) von Soda (Natriumkarbonat) abgelöst wurde.

Vor allem Familien mit Kindern verbringen eine vergnügte Zeit in diesen Hallen, denn das Museum lädt zum Mitmachen ein. Man kann sogar seine eigene Seife herstellen, in Stücke schneiden und mit Namen versehen. Zuerst aber bekommt man das Verfahren demonstriert. Man erfährt, dass die Marseiller Kernseife aus Öl und Soda angerührt und mit Granitrollen zerkleinert wird. Dann werden allerhand Zutaten beigemischt – Honig, Parfums, Lavendel- oder Traubenkörner, Stutenmilch, Mandel-, Veilchen-, Mimosen-, Orangen-, Rosenextrakt oder sogar Pastis –, schließlich wird das Ganze gepresst. Nebenan in der Boutique taucht man in die Welt der olfaktorischen Genüsse ein: Auf zwei Etagen präsentiert der Shop Hunderte verschiedener Seifen, die aus der Produktion am Cours Julien kommen. Auch dort finden Führungen statt, die weitere Geheimnisse der Marseiller Seifenfertigung lüften.

TIPP

Wenige Schritte entfernt liegt die umtriebige Place Thiars mit Kunstgalerien, Restaurants, Kneipen.

● Musée et Boutique du Savon de Marseille, 25, quai de Rive Neuve, Vieux-Port Südseite ; Savonnerie Marseillaise de la Licorne, 34, cours Julien, 13006 Marseille, www.savon-de-marseille-licorne.com
● ÖPNV: Metro 1 bis Station Vieux Port

72%
250g
2,90€
100g
1,80€

Kanaan in der Provence

34

Das Haus von Jean Giono in Manosque

Auf dem Schreibtisch der gemütlichen Dichterklause, deren Wände mit Büchern und Landkarten tapeziert sind, liegen Pfeifen, der Schusterhammer des Vaters und ein handbeschriebenes Blatt – gerade so, als sei ihr Bewohner nur mal kurz spazieren gegangen.

Das Haus Le Paraïs liegt versteckt am Ende einer Sackgasse auf einem Hügel über dem von Lavendelfeldern umgebenen Städtchen Manosque in der Haute-Provence. Hier lebte Jean Giono (1895–1970). Er gilt neben Alphonse Daudet, Frédéric Mistral, Marcel Pagnol und Pierre Magnan als bedeutendster Autor der Provence. Später arbeitete er auch als Filmemacher. Seine Bücher wurden in 42 Sprachen übersetzt, am häufigsten übrigens ins Deutsche.

„Der Reichtum des Menschen liegt in seinem Herzen." Ein typischer Giono-Satz. Der Sohn eines italienischen Einwanderers, unter ärmlichen Bedingungen aufgewachsen, führte mit seiner Familie ein äußerst zurückgezogenes Leben – zum Glück für einige Résistance-Kämpfer und Flüchtlinge, die er während der deutschen Okkupation versteckte. Er war kein Heimatdichter im klassischen Sinn, konnte sich nicht im provenzalischen Dialekt der ländlichen Bevölkerung verständigen, sondern erschuf in seinen Werken eine poetisch mystifizierte erfundene Provence mit naturreligiösen Zügen. Sein Abenteuerroman *Der Husar auf dem Dach* von 1949, der in der Zeit der Cholera-Epidemie von 1832 spielt, machte Giono über Nacht zu einem gefeierten französischen Schriftsteller. Die Cholera steht symbolisch für die Angst der Bevölkerung vor aus heiterem Himmel hereinbrechenden Katastrophen. Giono selbst allerdings war besonders stolz auf seine umweltprophetische Erzählung *Der Mann, der Bäume pflanzte* von 1949. Die utopische Geschichte spielt in einer „uralten, Touristen völlig unbekannten Gegend der Alpen, deren Höhenzüge in die Provence übergehen". Ein fiktiver einzelner Mann verwandelt dieses „kahle, eintönige Ödland, wo nichts wuchs außer wildem Lavendel" in ein „Land Kanaan", dessen Bewohner „Elzéard Bouffier ihr Glück verdanken".

TIPP

Werk und Leben des Autors präsentiert das Centre Jean Giono in einem herrschaftlichen Stadthaus von 1786.

● Maison Le Paraïs, Impasse du Paraïs, montée des vraies richesses. Centre Jean Giono, 3, boulevard Élémir Bourges, 04100 Manosque, www.centrejeangiono.com
● ÖPNV: Züge von Aix-en-Provence und Digne-les-Bains

Gigant der Provence

35 Der Mont Ventoux, Berg der Extreme

Drei Wege führen auf den Mont Ventoux, seit den Kelten einer der drei „heiligen Berge" der Provence. Der windige Kalksteinberg wirkt furchterregend, der Mistral fegt sehr oft knapp unter Orkanstärke über ihn hinweg. Zugleich übt der „Gigant der Provence" eine rational kaum erklärbare Anziehungskraft aus. Das erging schon dem Dichter Francesco Petrarca so, der nach einer Besteigung im April 1336 spirituelle Gipfelerfahrungen beschrieb. Die Vegetationslosigkeit der riesigen Schotterfläche mag leichten Schwindel auslösen. Bereits vor Jahrhunderten wurde der Berg kahl rasiert, man benötigte Holz zum Schiffbau und als Brennstoff. Inzwischen werden die unteren Hänge aufgeforstet. Tausende Radsportler vereinten sich im *Club des Cinglés du Mont Ventoux,* im „Club der Verrückten". Manchmal führt die Tour de France auf oder über den Berg, und so mancher Hobbyfahrer strampelt jedes Jahr hoch, um sich einer speziellen Mischung aus Lust und Schmerz hinzugeben, während Sonne, Regen, Wind an den letzten Kräften zehren. „An diesem Berg entwickle ich ungewöhnliche Gefühle, die ich an anderen Pässen nicht habe", erzählt der Schweizer Radprofi Guillaume Martin. Weltmeister Tom Simpson fiel, gedopt, 1967 am Mont Ventoux sterbend vom Rad; an der Stelle seines Zusammenbruchs mahnt ein Gedenkstein, es mit dem Ehrgeiz nicht zu übertreiben. Johannes Hauenstein, deutscher Amateur-Triathlet 60 plus, eroberte den kargen Hang mehrfach mit zwei Jugendrennfahrern. Er sagt: „Für uns Hobbyradler ist der Mont Ventoux der legendärste Tour-Berg, den zu bezwingen ein ewiges Ziel bleibt." Einmal gerieten die drei zufällig in eine Etappe des Criterium du Dauphiné, des zweitwichtigsten Rennens in Frankreich. „Ab Bedoin wetteiferten wir um den Sieg. Auf den zwei letzten Kilometern standen wie bei der Tour de France Tore mit den verbleibenden Metern bis zum Gipfel, links und rechts Ordner, Absperrgitter, Tausende von Menschen auf Campingstühlen, die uns anfeuerten – meine Neffen waren im totalen Glück. Sie kamen 44 und 38 Minuten vor mir an."

TIPP

In Vaison-la-Romaine (35 km) ist die größte archäologische Ausgrabungsstätte Frankreichs zu sehen.

- Mont Ventoux (1910 m), auf drei Straßen von Malaucène, Bédoin und Sault aus zu befahren, durchschnittliche Steigung 4,5 Prozent
- ÖPNV: Busse von Bédoin und Malaucène (Mitte Juli bis Mitte August)

Dieser Duft, dieser Gout!

36 Olivenanbau rund um Maussane-les-Alpilles

„Feuchten Sie Ihre Zungenspitze mit einem Tropfen Öl an, warten Sie einige Sekunden ab, nehmen Sie dann einen Schluck und rollen Sie diesen im Mund." Olivenölverkostung? Kein Witz! Ein Ölgeschmackstest ist eine ernste Angelegenheit, vergleichbar einer Weinprobe, ein besonderes Erlebnis. Das spezielle Aroma der goldenen Flüssigkeit hängt vom Standort der Pflanze, vom Reifungsgrad der Früchte, von deren Sorte und nicht zuletzt vom technischen Können des Erzeugers ab.

Die südlichen Hänge der Alpilles rund um das Marktdorf Maussane-les-Alpilles gelten als ältestes und bestes Olivenanbaugebiet Frankreichs, in dem außer Ölen auch grüne und schwarze Aperitif-Oliven und Olivenpasten hergestellt werden. Ein Dutzend Mühlen verarbeitet die Früchte von mehreren Hunderttausend Bäumen, bietet Verkostungen an und vermarktet direkt an Verbraucher. Das Olivenjahr hat seinen eigenen Rhythmus: Im Frühjahr und Herbst werden die Plantagen gepflegt, im Spätherbst wird geerntet – die *Olivade* –, im Winter gepresst und abgefüllt. Der Produktionsprozess des kostbaren kalt gepressten Öls première pression hat sich seit der Antike kaum verändert: ernten, waschen, samt Kern zu einer Paste zermahlen, die unter den Kolben einer hydraulischen Presse kommt, eine Zentrifuge leitet das Wasser heraus. Manche Erzeuger pressen ihre Oliven nach alter Sitte mit Steinmühlen.

Sieben Lagen in der Provence sicherten sich das begehrte Qualitäts-Label *Apellation d'Origine Protégée* (AOP) für ihre Ölherstellung, darunter die AOP Vallée des Baux-de-Provence, eine der sehr raren Gegenden, in der fünf Olivensorten wachsen. Vom Olivenöl gibt es zwei AOPs: *Fruité vert* und *Fruité noir,* die man auch als *Fruité d'antan* bezeichnet. Die Beschreibung von deren Aroma liest sich wie eine Pralinenwerbung: Sie entfalte ein nuancenreiches Bukett von kandierter Olive, Kakao, gebratener Artischocke, Sauerteigbrot, Trüffel, Champignon. Wer könnte da noch widerstehen?

TIPP

Fruité noir, steinmühlengepresst, gibt es im Moulin Cornille (www.moulin-cornille.com).

● AOP Vallé des Baux-de-Provence zwischen 13520 Maussane-les-Alpilles und 13520 Les Baux-de-Provence, www.huiles-olives-bauxdeprovence.com
● ÖPNV: Bus 29 von Arles, Bus 57 von Salon-de-Provence

Römische Opern-Nächte

37

Das antike Theater von Orange

Die Bühnenwand des besterhaltenen Theaters der Antike ruht als wuchtiges Schiff mitten in einer verträumten Provinzstadt, deren Namensklang Assoziationen zum Duft und Geschmack saftiger Zitrusfrüchte weckt – gleichwohl eine Sinnestäuschung. Denn „Orange“ ist eine sprachliche Auswaschung des alten Namens Arausio und hat nichts mit Apfelsinen zu tun. Von der Colline Saint-Eutrope aus eröffnet sich der eindrucksvollste Blick in das 20 Jahrhunderte alte Theater zu Füßen des Hügels. Ludwig XIV. bezeichnete die 37 Meter hohe, 103 Meter lange Mauer, die das Halbrondell nach außen abschirmt, als schönste seines Königreichs.

Was könnten die wuchtigen Steinblöcke alles erzählen aus der Vergangenheit einer stolzen Römer-City mit weit mehr als doppelt so vielen Einwohnern wie heute! Bevor allerdings die Nachkommen der Legionäre im lieblichen Rhône-Tal ein gewaltiges Theater errichteten, floss viel Blut in die provenzalische Erde. Zehntausende römische Soldaten kamen hier im Jahr 105 vor Christus in einer Schlacht gegen die siegreichen Kimbern und Teutonen um. Später wendete sich das Blatt zugunsten der Römer. Kaiser Augustus betrieb nach etlichen Bürgerkriegen eine Friedenspolitik, die eine kulturelle Blütezeit des römischen Kulturkreises einläutete. Im Theater ist er in einer 3,50 Meter hohen Marmorskulptur verewigt, die an der inneren Bühnenwand hoch über der Szene thront. Im Hochsommer erwacht das gemütliche Landstädtchen, das von Obst- und Gemüseanbau lebt, zu ungewohnter Betriebsamkeit. Wie schwärmen doch Opernenthusiasten von glücklichen Stunden voller musikalisch-theatralischer Genüsse während des internationalen Sommerfestivals Chorégies d'Orange! Dann tummeln sich bis zu 200 Akteure auf der Riesenbühne und bis zu 8600 Zuschauer auf den Tribünen. Die außergewöhnliche Akustik trägt noch den zartesten Verdi-Ton der Soprane, Tenöre, Altstimmen und Bässe bis in die obersten Ränge, während bunte Lichtspiele über die Bühne flackern und Augustus mild auf das Treiben herabblickt.

TIPP

Das monumentale Stadttor mit dreieckigem Giebel an der römischen Via Agrippa ist unbedingt sehenswert.

● Théâtre antique & Musée d'Art et d'Histoire, rue Madeleine Roch/place des Frères Mounat, 84100 Orange, www.theatre-antique.com
● ÖPNV: Züge bis Gare TER SNCF

Bummeltage in Quartieren

38 Zu den Kreativen und Trödlern von Avignon

Weder der touristische *petit train* noch der Open-Air-Bus verirren sich in die Gassen der östlichen Altstadt, nicht auf die quirligsten Plätze, nicht in die Zone der Kreativszene, nicht zu den Märkten. Deren Attraktionen lernt nur kennen, wer per pedes unterwegs ist. Täglich lockt ab sechs Uhr früh die Markthalle mit knackigem Gemüse, frischem Fisch, Geflügel, Obst, Gewürzen und Patisserie. Hier an der Place Pie errichten dienstags und donnerstags auch Antik-Händler ihre Stände – Vinyl, Schmuck, Bücher, Kameras, Postkarten, Spielzeug, Gemälde und was das Herz sonst an originalem Vintage begehrt. In der angrenzenden Rue de la Bonneterie reihen sich Mode- und Design-Boutiquen, Kunstateliers und -galerien, Buchbinder, Restaurateure, Juweliere und Kleinwerkstätten aneinander, die sich unter dem Marketing-Label *Les Fabricateur*s mit dem Symbol einer Einrad fahrenden Giraffe zusammengeschlossen haben.

Über die Fußgängerstraße Rue des Fourbisseurs gelangt man an die Place Saint-Didier, benannt nach der gotischen Wandpfeilerkirche von 1356. Stilvoll modern sitzt man drinnen oder beschaulich auf der Terrasse des ältesten Café-Restaurants der Stadt, Le Grand Café Barretta (seit 1773). Ihr Hund könnte sich derweil nebenan beim „Chien galant" eine schicke Frisur verpassen lassen. Weiter geht es durch die Rue des Trois Faucons mit kunsthandwerklichen Atelierläden bis zur lauschigen Place des Corps Saints. Hier erhebt sich die gotische Cölestinerkirche mit ihrem schönen, schlichten Kreuzgang. Zwischen den Cafés und Bistros fällt die Modeboutique mit dem originellen Namen „Eric et les chics filles" neben dem Istanbul Kebab ins Auge. Über die Rue des Lices, die den Verlauf der Ur-Stadtmauer vor dem 13. Jahrhundert nachzeichnet, kommt man zur idyllischen, gepflasterten Straße der Färber. Die Rue des Teinturiers neben dem schmal begradigten Flüsschen Sorge ist eine der malerischsten, wenn nicht die romantischste Gasse von Avignon. Hier kommt man mit Sicherheit nicht so schnell wieder weg.

TIPP

Lohnend ist ein Spaziergang durch das authentische Quartier des Carmes (samstags Blumen, sonntags Flohmarkt).

● Marché des Halles, place Pie, 84000 Avignon, www.avignon-leshalles.com
● Grand Café Barretta, 12–14 place Saint-Didier, 84000 Avignon
www.grandcafebarretta.com

BARRETTA
Au Chien Galant

Cowboys, Salinen, Reis

39 Ausflug von Arles in die Camargue

Bei Erwähnung der Sehnsuchtslandschaft Camargue tauchen weiße Pferde, schwarze Stiere, Kolonien rosafarbener Flamingos vor dem inneren Auge auf. Die Camargue ist die Schwemmlandebene im Mündungsdelta der Rhône mit ihrem Naturschutzgebiet und Regionalen Naturpark.

Auf dem Weg von Arles zur größten Lagune Étang de Vaccarès lohnt ein Abstecher in das Camargue-Museum: ein langer ehemaliger Schafstall, der sich harmonisch in die flache Landschaft einfügt. Spaß und Wissen für die ganze Familie! Das Museum vermittelt anschaulich Informationen und spannende Geschichten zu Flora, Fauna, Bevölkerung, Bewirtschaftung und Kultur der Camargue, ebenso über Filmklassiker und Cowboyspiele. Es zeigt auch Werke von Gegenwartskünstlern, inspiriert vom Zauber der Schwemmebene. Wer hätte gedacht, dass um 1800 nur etwa 2000 Menschen in den 200 *mas*-Höfen und im Ort Notre-Dame-de-la-Mer lebten? 100 Jahre später waren es schon 5000, darunter zur Hälfte italienische, griechische, ukrainische, spanische, später auch algerische Arbeitsmigranten, die in Salin-de-Giraud in der Sodagewinnung tätig waren, außerdem Helfer aus den indochinesischen Kolonien, die ihre Erfahrung auf den Reisfeldern einbrachten. Wir nehmen uns vor, den roten, knackigen Vollkornreis der Camargue, der so gesund sein soll, mal zu probieren. Noch 1962 lebten um die 10.000 Männer in der Camargue – und nur 184 Frauen! Übrigens stammen die Musiker der erfolgreichen Flamenco-Pop-Gruppe Gipsy Kings aus der Camargue. Hinter dem Gebäude startet ein idyllischer Spazierweg in einsamer Landschaft mit Infotafeln. Er führt uns auf eine Entdeckungsreise quer durch das einstige Hofgelände des Mas du Pont de Rousty. Wir lernen hydraulische Systeme und eine traditionelle Wohnhütte kennen, wie sie einst von Schäfern, Fischern, Pferdehirten, Korbmachern, den *gardians* genannten Cowboys, Salinen- und Landarbeitern genutzt wurde. Von Aussichtspunkten aus können wir je nach Saison, Tageszeit und Glück Vögel und Stiere beobachten.

TIPP

Stierzuchtbetriebe kann man besichtigen, teils haben sie Gästezimmer (www.camargue.fr, Stichwort manade).

● Musée de la Camargue, Mas du Pont de Rousty, 13200 Arles
www.museedelacamargue.com, Rundgang Sentier découverte, 1,5 Stunden
● ÖPNV: Bus 50 von Arles nach Saintes-Maries-de-la-Mer, Haltestelle Pont de Rousty

LA COURSE CAMARGUAISE
De mars à octobre, les arènes des villes
villages du « Pays de bouvino » vibrent au
de l'air de Carmen, tiré de l'opéra de Bizet
récompense l'action d'un taureau parti à
poursuite du raseteur. Dans l'arène, de jeune
sportifs vêtus de blanc doivent emporter la
cocarde rouge et les glands blancs fixés aux
cornes de la bête, à l'aide du crochet. Ces
attributs sont primés par le public et annoncés
par la Présidence de la course. La car
bon taureau peut durer jusq
celle d'un bon rase

Glücksdorf in den Alpilles

40 Spaziergang durch Eygalières

Eygalières ist ein Bilderbuchdorf am nördlichen Rand des Regionalen Naturparks Alpilles. Lauschige, teils nicht asphaltierte Gassen winden sich den Hang hinauf, vorbei an Häusern aus Naturstein und der glockenlosen neoromanischen Kirche Saint-Laurent. Dafür überragt ein Uhrenturm von 1672 mit frei schwingender Glocke die charmante Siedlung. Sie wurde glücklicherweise nicht als eines der offiziell „schönsten Dörfer Frankreichs" klassifiziert, obwohl sie genügend entsprechende Vorzüge aufweisen würde. Die idyllische Lage schätzen auch einige Promis wie etwa der britische Schauspieler Hugh Grant und Fast-Food-Erbe Geoffrey McDonald, die bei Eygalières Refugien besitzen.
Die Ruine des einstigen Schloss-Bergfrieds schmückt eine *vierge* aus dem ausgehenden 19. Jahrhundert, eine bizarre Madonna, der jemand eine blaue Schärpe umgehängt hat – passend zum wolkenlos blauen Himmel. Von hier oben aus hat man einen herrlichen Panoramablick über die Bergkette der Alpilles, der „Kleinen Alpen", über das Tal der Durance und das Kalkstein-Plateau de la Caume. Der Name Eygalières stammt höchstwahrscheinlich vom lateinischen Aqualeria ab, gemeint ist ein wasserreicher Ort. Tatsächlich entspringen rund um das Dorf gleich mehrere Quellen, ein Vorteil, den bereits Siedler der Jungsteinzeit und natürlich auch die Römer zu nutzen wussten. Letztere bauten ein Aquädukt nach Arles, um dessen Bevölkerung mit dem klaren Trinkwasser der Alpilles zu versorgen. In den intakten Mauern der Chapelle des Pénitents von 1581, deren offener Glockengiebel leer herausragt, residiert das Musée Maurice Pezet, in dem Exponate der Heimatgeschichte ausgestellt sind, darunter auch Funde aus prähistorischer Zeit.
Alles in allem lohnt es sich, in diesem Dorf einen gemütlichen Tag zu verbringen. In mehreren Restaurants, teils mit Terrassen und Gourmetanspruch, in Bistros und im zentralen Café de la Place heißt man Gäste gern willkommen.

TIPP

Im Oktober läuft das Kunstfestival Sous les feuilles d'Automne (www.infofeuilles.fr).

● 13810 Eygalières, www.mairieeygalieres.com, www.parc-alpilles.fr

ATELIER
D'ART

Die schwarze Sarah

41

Vom Marienkult in Saintes-Maries-de-la-Mer

Ältere Männer verbringen den Nachmittag geruhsam beim *pétanque*-Spiel, anschließend gönnen sie sich im Stammbistro einen Pastis oder zwei, politisieren ein wenig und schwelgen in Erinnerungen an die besten Stiere der jüngsten *Course camarguaise,* dem unblutigen provenzalischen Kampf in der Arena. So stellt man sich das Leben im Midi vor, und tatsächlich trifft das häufig zu, vor allem in kleinen Orten wie Saintes-Maries-de-la-Mer – außerhalb der Hauptreisesaison. 5 Millionen Tagestouristen besuchen jedes Jahr die Camargue mit ihrem Regionalen Naturpark, 800.000 Menschen übernachten, wobei das Gros in Arles absteigt. Arles ist die flächengrößte Gemeinde Frankreichs, weil erhebliche Teile der Camargue und auch die größte Lagune, der Étang de Vaccarès bei Saintes-Maries-de-la-Mer, zu ihrem Gebiet zählen. Die Flora und Fauna der Schwemmlandschaft im Rhône-Delta ist so vielseitig wie geheimnisvoll, aber dank Vogel- und Landschaftsschutz gelangt man nicht überallhin. Nicht Arles, sondern Saintes-Maries-de-la-Mer ist gefühlt die Hauptstadt der Camargue. Das liegt weniger an den herrlichen Sandstränden als an der Bekanntheit als Wallfahrtsort. Im Mai strömen Tausende von *gitans* zusammen, Roma und Sinti aus ganz Europa, flankiert von Touristen, welche die Prozessionen sehen und am rauschenden Straßenfest mit Flamenco-Musik und Tanz teilhaben wollen.

TIPP

Mit dem Rad umrundet man den Étang de Vaccarès (70 km) oder fährt zum Gacholle-Leuchtturm (12 km).

Drei Marien – Maria Magdalena, Maria Jakobäa und Maria Salome – sollen nach dem Tod Christi mit einigen Begleitern, darunter die Dienerin Sarah, in einem Boot ausgesetzt worden und in Gallien gestrandet sein. Maria Magdalena missionierte und starb in der heiligen Grotte des Massif de la Sainte-Baume. Die Gebeine der beiden anderen ruhen in der Wehrkirche Notre-Dame-de-la-Mer. Die schwarze Dienerin Sarah stieg zur Schutzpatronin der *gitans* auf und genießt heute mehr Aufmerksamkeit als ihre Herrinnen. Ihre mit Accessoires reich und kitschig behängte Statue wird am 24. Mai aus der Krypta geholt und, begleitet von *gardians* auf Camargue-Schimmeln, zum Meer getragen.

- Wehrkirche Notre-Dame-de-la-Mer, 13460 Saintes-Maries-de-la-Mer
www.saintesmariesdelamer.com
- ÖPNV: Busse von Arles und Aigues-Mortes

PIZZA
PIZZA à emporter
BRASSERIE

Verlassen, nicht vergessen

42 Spaziergang durch Oppède-le-vieux

Am schönsten ist es in Oppède-le-vieux am Spätnachmittag, wenn die Sonne lange Schatten in die ansteigenden Gassen des reanimierten Ruinendorfs wirft. Licht und Schatten spielen auf der Place de la Croix mit dem früheren Rathaus und seinem schmiedeeisernen Kampanile, in dem eine schlichte Glocke hängt.

Das alte Oppède mit seinen überwucherten Mauern, Torbögen und Gebäuden klebt an einem Felssporn im nördlichen Petit Luberon. Fast alle ursprünglichen Bewohner verließen den Ort bereits vor mehr als 120 Jahren, um sich in der Talsiedlung Oppède-Les Poulivets niederzulassen. Das moderne Oppède trägt den werbenden Zusatz *Village fleurie*, blühendes Dorf.

Zu blühendem Leben, wenn auch glücklicherweise nicht zu neppigem Tourismusluxus wie manch anderer Luberon-Ort, erwachte das alte Dorf in den 1960er- und 1970er-Jahren nach Jahrzehnten des Verfalls. Hippies, Künstler und Aussteiger entdeckten die Siedlung für sich, reparierten eingefallene Dächer, schlossen gähnende Fensterlöcher, richteten Häuser wieder her. Inzwischen gibt es sogar einige funktionierende Straßenlaternen, kleine Sommerfestivals für Eingeweihte, eine Plakatwand mit Wandertipps, ein Atelier mit Töpferei und Tierskulpturen, eine Handvoll Gästezimmer und Ferienwohnungen. Das bunt möblierte Le Petit Café mit Terrasse an der Rue Cécile serviert leckeres Essen.

TIPP

In Neu-Oppède gibt es ein Olivenöl-Museum mit Boutique und Verkostung von Wein, Öl und Spirituosen.

Ins Dorf gelangt man nur zu Fuß bergauf über die mit provenzalischen Kräutern, Büschen und Bäumen bepflanzten 15 Terrassen eines Landschaftsgartens, Autos bleiben unten. Ein Spaziergang über die mit Kieselsteinen gepflasterten und mit Steinblöcken halbwegs gesicherten Wege und Treppen durch die mittelalterliche Siedlung führt zur Chapelle des Pénitents blancs (Kapelle der weißen Büßer) und zur Burgruine aus dem 13. Jahrhundert. Ganz oben thront die einigermaßen intakte romanische Kollegiatskirche Notre-Dame-d'Alidon, in der manchmal Gottesdienste stattfinden. Von dort öffnet sich ein weiter Blick über das Tal des Flüsschens Calavon. Wenn das kein sanfter Tourismus ist!

● Parking und Landschaftsgarten Sainte-Cecile, 84580 Oppède-le-vieux
Musée Moulin de la Royère, 375, route de la Sénancole, 84580 Oppède, www.royere.com

● ÖPNV: Busse von Cavaillon bis Oppède

Die Schlucht der Schluchten

43 Auf der Nordroute des Grand Canyon

Eigentlich möchte man alle fünf Minuten aussteigen und die schwindelerregende Aussicht auf Felsen und Abgründe in sich aufnehmen, um sie in schlechteren Zeiten zur Aufhellung trüber Stimmung hervorzuholen. Deshalb wandern oder paddeln viele in aller Ruhe durch den Grand Canyon du Verdon in den provenzalischen Voralpen, der seit 1997 den Mittelpunkt des regionalen Verdon-Naturparks bildet. Die breite Schlucht, die der reißende Gebirgsfluss vor vielen Millionen Jahren durch den zerberstenden Jura-Kalkstein baggerte, reicht über 21 Kilometer von Castellane bis zum Lac de Sainte-Croix, einem der fünf Stauseen, mit denen es gelang, den Verdon zu besänftigen. Der Canyon fällt 250 bis 700 Meter tief ab, einer der spektakulärsten in Europa, auch wegen seiner überwältigenden Umgebung mit üppiger Vegetation. Die Steine, über die sich das smaragdgrüne Wasser schlängelt, wirken, als hätte ein Riese damit in einem Wutanfall um sich geworfen.

Nord- oder Südroute, das ist hier die Frage. Während die Südroute *Corniche sublime* eher etwas für Leute ist, die gern den Überblick behalten und den Felsgipfeln quasi auf Augenhöhe begegnen möchten, animiert die Route am Nordrand eher zu Kraxelei und persönlicher Canyonberührung. Es empfiehlt sich, in Castellane zu starten und auf der D 952 etwa 50 Kilometer entfernt Moustiers-Sainte-Marie als Ziel anzupeilen. Die hübsche Kleinstadt Castellane mit einer Wallfahrtskirche auf einer Felsspitze und vier interessanten Museen eignet sich als „Basislager" für Ausflüge in die Verdon-Schlucht. Wildwassersportler und Steilwandkletterer kampieren allerdings lieber mittendrin in dem Bergweiler La Palud-sur-Verdon. Wer richtig nah an die Schlucht kommen möchte, nehme ab La Palud die Rundfahrt *Route des Crêtes* (D 23) mit zahlreichen Aussichtspunkten. Ungefähr in der Mitte der schmalen Bergstraße befindet sich der Startpunkt des 14 Kilometer langen Wanderwegs Sentier Martel, der durch zwei stockfinstere Tunnel führt (Taschenlampe!) und leicht sechs Stunden beanspruchen kann.

TIPP

Die Museen in Castellane stehen für Geologie, Citroën/Peugeot, Alltagskultur, Volkskunst, Résistance.

- Parc naturel régional du Verdon, Nordroute rive droite ab Castellane, www.parcduverdon.fr, www.lapaludsurverdon.com
- ÖPNV: Busse von Castellane nach Point Sublime bei Rougon und La Palud

Oasen im Dschungel

44 Ruhezonen rund um das Mucem in Marseille

Marseille ist eine pulsierende Traumstadt, in der jeder, jede, jedes Alter glückliche Tage, Wochen verbringen kann, ohne sich zu langweilen. Jedoch, seien wir ehrlich: Marseille ist sehr anstrengend. Spätestens seit der gigantischen Umgestaltung des Hafensektors mit der neuen *Façade maritime,* seit Beginn groß angelegter stadtplanerischer Programme, die weit in die Zukunft reichen, seit frische Initiativen wie Pilze aus dem Boden sprießen – seitdem stresst das wunderbare Marseille etwas. Ach, was war es einst so schön hässlich, gefährlich und unbeliebt! Nun entdeckt, erlebt, erfährt man ständig neue visuelle, geistige, gastronomische Glücksmomente, sodass einem der Kopf schwirrt.

Immer mit der Ruhe! Marseille bietet inmitten des Metropolendschungels Orte der Muße und Kontemplation. Einer der schönsten Spaziergänge mit Pausenplätzen führt vom alten Hafen rund um die Zitadelle Fort Saint-Jean. Beherzte Leute klettern durch die Lücken der Schießscharten und gönnen sich auf den groben Felssteinen davor ein kleines Picknick. Hat man das Fort umrundet, erblickt man in der Ferne den Leuchtturm Phare Sainte-Marie und die Mole Digue du Large, ein Symbol der Öffnung des Reviers für das Volk. Dort befindet sich die Einfahrt für Container-, Last- und Kreuzfahrtschiffe zum Wirtschaftshafen Marseille Europort. Nun erscheinen die monumentalen modernen Kulturpaläste, das hypermoderne neue Gesicht der Provence-Hauptstadt. Gegen diese Architektur wirkt der an ein Cargo-Boot erinnernde Bau des Kunstmuseums Regards de Provence ganz bieder. Schräg vor uns schwebt wie auf einem Podest die überdimensional große neobarocke Kathedrale. Halb darunter liegt eine luftige Anlage mit Ruhebänken unter Schatten spendenden Kiefern, die bescheidene Variante für total Erschöpfte. Viel spektakulärer ist der Aufstieg zum botanischen *Jardin des Migrations* – wandernde mediterrane Pflanzen –, im Fort Saint-Jean, erreichbar über die Dachterrasse des Mucem und die Eisenbrücke Passerelle du J4.

TIPP
Wer auf Nachtleben, Street-Art und Concept Stores Wert legt, ist am Cours Julien richtig.

● Mucem Musée des Civilisations de l'Europe et de la Méditerranée, 7 Promenade Robert Laffont, 13002 Marseille www.mucem.org
Musée Regards de Provence, www.museeregardsdeprovence.com
● ÖPNV: Metro 2, Tram 2, Station La Joliette

cosquer
OUVERTURE 2022

Himmelwärts streben

45 Puimoisson auf dem Plateau de Valensole

Die Bezeichnung für die gut 700 Bewohner dieses lauschigen Hangdorfes ist ein Zungenbrecher: *Puimoissonnais* für die Männer, *Puimoissonnaises* für die Frauen. Wer das locker und fehlerlos aus dem Mund purzeln lässt, erntet ein anerkennendes Lächeln der Verkäuferin im *Maison du Lavandin* (Foto). Dieses besondere Geschäft liegt an der Landstraße von Valensole, die sich serpentinenartig nach Puimoisson hinabschlängelt. Der etwa tausendjährige Ort findet trotz seiner Lage als provenzalisches *village perché* an einem Hügel oder Berg, häufig mit der Rückendeckung eines Felsens, kaum Erwähnung in den üblichen Reiseführern. Er zählt nicht zu den offiziell ausgewiesenen „schönsten" Dörfern der Provence. Vielleicht gibt es einfach zu viele davon. Vielleicht stiehlt auch das 7 Kilometer entfernte Riez, das den Zusatz *La Romaine* trägt, dem Nachbarn die Schau: Immerhin war Riez ein bedeutendes Zentrum der römischen Provinz Gallia Narbonensis und dann 1200 Jahre Bischofssitz; das Städtchen besitzt mit dem Baptisterium aus dem fünften oder sechsten Jahrhundert eines der ältesten christlichen Bauwerke Frankreichs. Sei's drum! Schlendern wir lieber durch die verwinkelten, gepflasterten oder einfach nur steinigen Gassen von Puimoisson, steigen die schmalen Treppen hoch, erfreuen uns an den einfachen, mit romanischen Dachziegeln gedeckten Häusern, den plätschernden Brunnen. Genießen wir die träge Genügsamkeit eines mäßig anstrengenden Spaziergangs zu den mittelalterlichen Kapellen, die es hier gibt, und zur Kirche Saint-Michel aus dem 16. Jahrhundert.

Puimoisson ist übrigens ein Geheimtipp unter Segelfliegern und Wanderern. Der talwärts zwischen Lavendelfeldern gelegene Zwei-Pisten-Flugplatz mit Restaurant dient als Ausgangspunkt für Flüge ins Hochgebirge. Und von Puimoisson aus gelangt man nach Saint-Jurs. Dieser Weiler auf 925 Höhenmetern ist die höchstgelegene Siedlung auf dem Plateau von Valensole zu Füßen des Montdenier-Massivs. Von hier führen Wanderwege zum Col de Saint-Jurs (1318 m).

TIPP

Von Puimoisson aus schweben Heißluftballons über die Haute-Provence (www.aero-provence.com).

● Maison du Lavandin, Route de Digne, 04410 Puimoisson
www.lamaisondulavandinpuimoisson.fr, www.puimoisson-hauteprovence.com, www.puivolavoile.com
● ÖPNV: Busse von Manosque

Glücksorte
auf der
ganzen Welt
Fahr hin &
werd glücklich
I ♥ NY
DROSTE

In Amsterdam Klassikstars zum Nulltarif lauschen.
In Dublin zum Iren auf Probe werden.
In Helsinki die besten Korvapuusti genießen.
In der Bretagne die kleinste Schafsrasse der Welt beobachten.
In Island zwischen den Kontinenten tauchen.
In Südtirol in luftigen Höhen schwebe
Glücksorte in Amsterdam
Glücksorte in der Bretagne
Glücksorte in Dublin
Glücksorte in Island
Glücksorte in Helsinki

La Maison
du Lavandin
Huile Essentielle
Lavandin
Immortelle
Producteur

Heilig, mystisch

46

In Saint-Maximin-la-Sainte-Baume

Was für ein Name, lang und altehrwürdig! Und doch brausen die meisten Urlauber auf ihrem Weg an die Côte d'Azur an diesem Wallfahrtsort vorbei – und leider auch an dem sich südlich anschließenden so einmaligen wie geheimnisvollen Regionalen Naturpark Sainte-Baume. Die 40 Kilometer östlich von Aix-en-Provence gelegene mittelalterliche Kleinstadt Saint-Maximin-de-la-Sainte-Baume war seit dem 13. Jahrhundert ein bedeutendes Pilgerziel. Ihr wichtigstes Kapital ist die Basilika Sainte-Marie-Madeleine, die größte Kirche der Provence im gotischen Stil, ein 1295 begonnenes, unvollendet gebliebenes, von außen durchaus merkwürdiges Bauwerk. Da die Kirche über keinen Glockenturm und kein formvollendetes Hauptportal verfügt, passiert es schon mal, dass man sich im Gassengewirr verläuft und sie nicht auf Anhieb findet. Fragt man dann einen Einheimischen nach dem Weg, kann das zu Heiterkeitsausbrüchen führen – liegt das riesige Gotteshaus mit der missglückten Fassade doch gleich hinter der nächsten Ecke an einem großzügigen Platz. Innen öffnet sich ein 70 Meter gestrecktes, 30 Meter hohes gotisches Langhaus voller Harmonie und Erhabenheit. In der Krypta ruhen angeblich die Gebeine der im Jahr 47 in einer Grotte beim Dorf Plan-d'Aups-Sainte-Baume verstorbenen heiligen Maria Magdalena. Der 810 Quadratkilometer große Parc naturel régional de la Sainte-Baume, in dem 58.000 Menschen in 26 Gemeinden leben, dient als wichtigster Wasserspeicher der Provence und verfügt über zahllose Karsthöhlen, Grotten, unterirdische Bäche und verborgene Eiskeller. Das verlieh ihm durch die verschiedenen Kulturen von den Ligurern und Griechen bis heute etwas Mystisches. Inmitten der mediterranen Trockenvegetation überrascht uns ein dichter Wald, in dem Riesenbuchen, Linden, Ahorne gedeihen, sogar Eiben und Efeu, die bekanntlich auf Feuchtigkeit und Kühle angewiesen sind. Dieser herzliche Gruß aus dem Norden mit seltener Flora und Fauna entsteht durch den Schatten des großen Sainte-Baume-Felsens.

TIPP

Das Massif de la Sainte-Baume ist ein Paradies für Wanderer und Naturliebhaber (Fernwanderweg GR 9).

● Basilika Sainte-Marie-Madeleine, place de l'Hôtel de Ville, 83470 Saint-Maximin-de-la-Sainte-Baume
Parc naturel régional de la Sainte-Baume, www.pnr-saintebaume.fr
● ÖPNV: Busse von Aix-en-Provence und Nizza

Genie im Licht-Glück

47

Auf den Spuren von Vincent van Gogh in Arles

Das legendäre Licht des Midi ist in unmittelbarer Nähe der Camargue und des Mittelmeers noch tiefer, intensiver als weiter nördlich. Deshalb können wir das euphorische Gefühl nachempfinden, das Vincent van Gogh überkam, als er im Februar 1888 in Arles aus dem Zug stieg. Er blieb fast 16 Monate, warf in dieser Zeit 200 Gemälde auf Leinwände und 100 Zeichnungen auf Skizzenblöcke: Landschaften, Häuser, Sonnenblumen, blühende Obstbäume und Porträts seines neuen Freundes, des Postboten Joseph Roulin. Heute können wir uns die moderne Malerei ohne den nachimpressionistischen Stil eines van Gogh gar nicht mehr vorstellen: die schweren, derben Farben, die unruhige Linienführung, die uns anspringende Klarheit der Motive – genial und ungemein populär. Umso tragischer, dass van Goghs künstlerisch so glücklicher Aufenthalt in Arles bei den Zeitgenossen kaum positiven Widerhall fand. Anfangs verlief es erfreulich, er malte bis zur Erschöpfung, lockte seinen Pariser Kollegen Paul Gauguin nach Arles, denn er träumte von einer Künstlerkolonie im Süden. Zwei Monate ging es gut, man verbrachte die Tage gemeinsam malend. Dann der große Krach, der in Selbstzerstörung endete: Van Gogh schnitt sich sein linkes Ohr ab, verlor viel Blut. Dies und diverse Nervenkrisen – der Postbote war nach Marseille versetzt worden, van Gogh einsam – erschreckte die braven Bürger. In einer Petition verlangten sie, den Künstler wegzusperren. Resigniert verließ Vincent van Gogh Arles im Mai 1889 und wies sich selbst in die Nervenheilanstalt Saint-Paul-de-Mausole in Saint-Rémy-de-Provence ein. Außer einem Bild im Musée Angladon in Avignon hängt kein einziger Original-van Gogh in der Provence. Das Musée Réattu in Arles besitzt einen handschriftlichen Brief an Paul Gauguin, teuer eingekauft. Der Rundgang *Circuit Van Gogh* führt zu einem Dutzend Perspektiv-Stellen berühmter Gemälde. Die Fondation Vincent van Gogh in einem lichtdurchfluteten Altstadtpalais zeigt Werke zeitgenössischer Künstler im Dialog mit dem Niederländer.

TIPP

Auch in Saint-Rémy-de-Provence gibt es einen Van-Gogh-Spazierweg mit Bild-Reproduktionen.

● Le Circuit Vincent van Gogh, www.arlestourisme.com
La Fondation Vincent van Gogh Arles, 20, rue de la Liberté, 13200 Arles
www.fondation-vincentvangogh-arles.org
● ÖPNV: Busse um den Altstadtring (www.tout-envia.com)

LAURA OWENS & VINCENT VAN GOGH
ENTRÉE
ENTRANCE

Kino-Lokomotive

48

Das Eden-Théâtre in La Ciotat

In der alten Schiffbau- und Arbeiterstadt La Ciotat kann man sich verlieren. In den Gassen der etwas abgeblätterten Altstadt. Im Juli und August abends auf dem *marché nocturne* am Port-Vieux. Im großen Werfthafen und im Yachthafen mit bis zu 700 Booten.
Sich verlieren und den Alltag vergessen kann man auch auf den roten Sesseln der Illusionsmaschine Cinéma Eden-Théâtre, des ältesten Kinos der Welt, das noch in Betrieb ist. In La Ciotat wurde nämlich Kinogeschichte geschrieben. Und das kam so: 1889 baute ein Marseiller Unternehmer in La Ciotat das Vergnügungsparadies Eden-Théâtre, in dem Konzerte, Boxkämpfe, Theateraufführungen stattfanden. 1893 errichtete der Fotograf Antoine Lumière aus Lyon für sich und seine Familie in La Ciotat den Sommersitz Château Lumière. Sein Bruder Louis drehte hier einige kleine Filme, darunter den legendären Streifen *L'arrivée d'un train en gare de La Ciotat,* in dem ein Monstrum von Dampflokomotive die Leinwand ausfüllt und die Zuschauer in Angst und Schrecken versetzt. Die Uraufführung fand 1895 im Eden statt, noch bevor der Film in Paris gezeigt wurde. Die Brüder Lumière gingen als Erfinder der laufenden Bilder in die Filmgeschichte ein. In Paris gab es ab 1895 kommerzielles Kino, in La Ciotat ab 1899. Während der Stummfilmzeit erlangte das Eden-Kino Berühmtheit wegen seines gelungenen *bruitage:* Zusätzlich zum Pianisten, der die Filmhandlung musikalisch kommentierte, produzierten die Angestellten passenden Szenenkrach, schmissen Teller kaputt, imitierten das Schnaufen von Lokomotiven, knallten Kichererbsen auf Bleche für den täuschend echten Leinwandregen. 1931 lief der erste Tonfilm ab, die Zuschauer weinten vor Rührung. Auch standen in den 1920er- und 1930er-Jahren allerhand spätere Stars im Rahmen von Live-Revuen auf der Eden-Bühne: der Komiker Fernandel, die Sängerinnen Edith Piaf und Rina Ketty, außerdem Yves Montand und Charles Trenet. Bis heute wartet das Cinema Eden mit einem ausgewogenen Filmprogramm von Klassikern und Premieren auf.

TIPP

Das Arbeiterzentrum Maison de la construction navale informiert anschaulich über Schiffbau (www.laciotat.com).

- Cinema Eden-Théâtre, Ecke Boulevard Georges-Clemenceau/ Boulevard Jean Jaurès, www.edencinemalaciotat.com
- ÖPNV: Züge und Busse von Marseille, Toulon, Aix-en-Provence

CINEMA
madame
Mandibules

Ultimatives Provence-Kraut

49

Lavendelfelder auf dem Plateau de Valensole

Wer noch nie Lavendelblüten in bunten Anti-Motten-Säckchen, Flacons mit Ölkonzentrat oder Flaschen mit verdünntem Lavandin-Extrakt erworben hat, hat etwas Wesentliches verpasst. Nämlich das tief befriedigende Gefühl, etwas vom originalen Duft der Provence mit nach Hause in den grauen Winteralltag zu nehmen, das zugleich nützlich ist und obendrein als willkommenes Geschenk ein Lächeln auf die Züge der Bedachten zaubert. Der blauviolett blühende Lavendel ist *der* visuelle und olfaktorische Klassiker und ein Symbol der Provence. Wer die Pflanzen sehen und beschnuppern möchte, findet das provenzalische Lavendelparadies zwischen Mitte Juni und Anfang August auf den kargen und steinigen, sonnigen und trockenen Böden des Plateau de Valensole, auf dem Plateau d'Albion und rund um Sault sowie zu Füßen der Montagne de Lure. Danach ist die Rispenernte zwar vorbei, aber wir entdecken etwas Neues, ungetrübt Harmonisches, ein wie vom Designer gleichmäßig geformtes Bild: gekrümmte Linien, welche die spätsommerliche Landschaft in eine neue Stimmung versetzen, die Natur zu etwas künstlich Gestaltetem stilisieren. Der typische würzig-weiche Duft hängt noch wochenlang in der Luft, denn bei der maschinellen Ernte gehen allerhand Blüten und Blätter verloren.

Der schmalblättrige echte Lavendel – erkennbar am Namen Lavendula vera, angustifolia oder officinalis – gedeiht vor allem in höheren Lagen oberhalb von 800 Metern. Die Blätter enthalten ätherische Öle, aus denen die Essenzen für Parfums gewonnen werden. In den *Herbes de Provence,* ohne die keine Fischsuppe und kein Ratatouille schmeckt, stecken die grünen Spitzen der Lavendelrispen. Der leichter kultivierbare buschige Verwandte Lavandin bevorzugt niedrige Lagen unter 600 Metern und eignet sich als Zusatz für Waschmittel und Wäschesäckchen. Kochen sollten Sie damit nicht. Lavendula vera dagegen ist ein naturmedizinisches Heilkraut, ihm werden antiseptische, beruhigende, verdauungsfördernde und schweißtreibende Kräfte zugeschrieben.

TIPP

Manche Destillerien bieten Führungen an, in Coustellet gibt es ein lebendiges Lavendelmuseum, in dem sogar Riechproben stattfinden.

● Association des Producteurs d'Huile Essentielle de Lavande AOP de Haute-Provence, www.lavande-aop.fr
Musée de la Lavande Luberon, 276, route de Gordes, 84220 Coustellet
www.museedelalavande.com

Tiefblaue Wasserpracht

50 Baden, treten, surfen am Lac d'Esparron

Westlich des Lac de Sainte-Croix und des prominenten Grand Canyon du Verdon stauen sich im Verlauf des Flusses Verdon vier kleinere Gewässer, darunter der 1967 geflutete Lac d'Esparron mit 3,28 Quadratkilometer Ausdehnung und 80 Millionen Kubikmeter Wasserfülle. Der See wird gern als Ausweichzone für Ruhesuchende empfohlen, die dem Wassersporttrubel am Sainte-Croix entfliehen möchten.

Stimmt und stimmt nicht. Anfang August, wenn sich gefühlt alle Franzosen – objektiv fast alle – gleichzeitig mit Kind und Kegel in die Sommerfrische begeben, muss man länger nach einem stillen Plätzchen am Wasser suchen, das Robinsongefühle aufkommen lässt. Ansonsten ist die gesamte Stauseelandschaft des Verdon ein einzigartiges Eldorado für Wassersportler, Angler, Wanderer und Camper. An dem Fluss, der in den Seealpen entspringt und südlich von Manosque in die Durance mündet, wurden zwischen 1948 und 1975 fünf Talsperren fertiggestellt. Eine von ihnen ist die *Barrage de Gréoux* oberhalb des einstigen Berg-, nun Seedorfes Esparron-de-Verdon. Sie dient vor allem der Erzeugung von Energie.

Der See verfügt über ein überwältigendes Angebot an Wassersportmöglichkeiten und Freizeitaktivitäten. Dass trotz der drei Badebuchten der größte Teil des Ufers aus steilen Felsformationen und steinigen Abhängen besteht, empfindet manch Wanderer und Angler als Vorteil, erhöht es doch die Chancen, die Aussicht auf den tiefblauen See störungsfrei zu genießen. Sportlich Wagemutige nutzen die eine oder andere Felsnase als Sprungturm ins tiefe Nass. Abgesehen von einer geradlinig ordentlich in den See ragenden Flucht von Sportschiffen gibt es mehrere Bootsvermietungen mit Pedalos, Paddel- und Elektrobooten sowie das Ausflugsschiff *La Perle du Verdon* für Seerundfahrten. Einige Bistros sorgen für das leibliche Wohl, rund um den See warten mehr als ein halbes Dutzend Campingplätze auf Gäste, darunter ein Camping Nudiste mit beheiztem Schwimmbad. Luxuriöser steigt man im herrschaftlichen Château d'Esparron mit Bergfried aus dem 13. Jahrhundert ab.

TIPP

Gréoux-les-Bains ist ein beliebter Rheuma-Kurort mit heißen Thermen (www.greoux-les-bains.com).

- Lac d'Esparron, 04800 Esparron-de-Verdon, www.lacs-gorges-verdon.fr, www.camping-esparron-verdon.fr, www.lesgorgesduverdon.fr
- ÖPNV: Busse ab Bahnhof Manosque bis Gréoux-les-Bains

Provenzalischer Troubadour

51

Im Haus von Frédéric Mistral in Maillane

„Lou soulèu me fai canta“, wörtlich: Die Sonne macht mich singen. Dieser Spruch in provenzalischer Sprache, gemünzt auf den so lautstarken wie eintönig einschmeichelnden Gesang der Zikaden, war das Motto von Frédéric Mistral. Es schmückt den Sockel der überlebensgroßen Mistral-Statue im mediterran bepflanzten Garten des Dichterhauses in Maillane. Im Haus hängt im Schrank des spartanisch möblierten Winterschlafzimmers noch ein langes weißes Hemd des Literaturnobelpreisträgers, der in dem schmalen Bett daneben am 25. März 1914 mit 84 Jahren an einer Grippe gestorben ist. Das bescheidene Hemd rührt die Betrachter, sagt es doch mehr über die Lebenseinstellung des Hausbesitzers aus als manches Promi-Erinnerungsfoto im vollgestopften Arbeits- und Wohnzimmer.

TIPP

In der alten Scheune laufen saisonale Ausstellungen und ein Film über Mistral und sein Lebenswerk.

Das unscheinbare bäuerliche Dorf Maillane am Nordrand des Gebirgszugs der Alpilles war Geburtsort und Inspirationsquelle eines bodenständigen Mannes, der dem provenzalischen Dialekt des Okzitanischen neues Leben einhauchte. Der dank des elterlichen Hofguts finanziell unabhängige Poet gründete 1854 mit sechs weiteren „Troubadouren“ den *Félibrige* zur sprachlich-kulturellen Wiederbelebung des Provenzalischen. Mistrals überregional gefeiertes Versepos „Miréio“, französisch „Mireille“, eine romantische Tragödie in zwölf Gesängen, erschien 1859 zweisprachig und ebnete der Bewegung den Weg. Mistral als kreativster Kopf der *Félibres* verschriftlichte den Dialekt und entwickelte das Wörterbuch *Lou Tresor dóu Félibrige* (Der Schatz des Félibrige). Das Nobelpreisgeld stiftete er dem Musée Arlaten in Arles zur Bewahrung der provenzalischen Kultur.

Nach dem Tod der 27 Jahre jüngeren Witwe 1943 wurde kaum etwas verändert, ein Glücksfall. Denn so verströmt das Mistral-Museum, das 60.000 handschriftliche Briefe an den Dichter birgt, darunter viele von Berühmtheiten, noch den Geist dieses Romantikers. Mistral ließ sich mit drei Fotos bestatten: Abbildungen seiner beiden Hunde – und seiner geliebten Haushälterin „Madame la Bonne“.

- Musée Mistral, 11, avenue Lamartine, 13910 Maillane, www.museemistral.fr
- ÖPNV: Busse von Saint-Rémy-de-Provence, Avignon und Arles

MISTRAL
LOU SOULEU
CANTA
1928

Vom Duft zum Gout

52 Bei L'Occitane in Manosque

Mit 3000 Shops in 90 Ländern und sechs Naturkosmetik-Marken wirkt die Unternehmensgruppe L'Occitane als internationale Botschafterin der intensiven Düfte der Provence. Dahinter steckt ein leidenschaftlicher Naturliebhaber, der in Aix-en-Provence Literatur studierte und mit 23 Jahren begann, die Aromen seiner Heimat zu verarbeiten. Anfangs destillierte Olivier Baussan mit einem alten Gerät ätherisches Rosmarinöl. 1976 mündete diese Aktivität in die Gründung der Kernmarke „L'Occitane en Provence" mit Pflegeprodukten und Parfums.

In Manosque in der Haute-Provence empfängt die Fans ein großes *Boutique Musée* und man kann an einer Fabrikführung durch Labore und Produktionsstätten teilnehmen. Ein kleines Paradies finden olfaktorische Flaneure in dem mediterranen Lehrgarten. Darin wachsen Olivenbäume und Lavendel, dessen starker Duft sich wie ein Teppich über das ganze Gelände legt, sowie weitere typische Pflanzen der provenzalischen Flora, die zu verschiedenen Produkten verarbeitet werden.

Zu den bevorzugten Inhaltsstoffen gehören mehr als 40 ätherische Öle, Blütenwasser aus Immortelle, Lavendel, Rose und Verbene, Shea-, Kokos- und Mandelbutter sowie natürliche Antioxidantien wie Rosmarinextrakt. Sie sind natürlich, biologisch gut abbaubar und nach Aussagen des Herstellers von Haut-, Augen- und Kinderärzten getestet. Als No-Go gelten tierische Inhaltsstoffe (außer Honig und Bienenleim), Hormone und umweltschädliches Mikroplastik. L'Occitane kooperiert mit 110 lokalen Landwirten und 10.000 Erntehelfern, die 5200 Hektar Land nach ökologischen Kriterien bewirtschaften. Olivier Baussan selbst, der Vater dieses Siegeszugs, verkaufte längst die meisten seiner Anteile, errichtete eine Stiftung und erwarb neue Unternehmen zur Vermarktung provenzalischer Naturschätze – zum Beispiel die Confiserie Le Roy René, in der das berühmte Konfekt Calissons d'Aix gefertigt wird. Monsieur Baussan liebt definitiv die Sinnenfreuden: Vom Duft zum Gout, wer würde da nicht schwach!

TIPP
Alles über Olivenbäume vermittelt das von Olivier Baussan gegründete Écomusée l'Olivier in Volx (15 km)

- L'Occitane en Provence (Boutique Musée, Garten, Fabrik), Chemin Saint-Maurice, 04100 Manosque, www.visiteloccitane.com, www.ecomusee-olivier.com
- ÖPNV: Züge von Aix-en-Provence und Digne-les-Bains bis Manosque

L'OCCITANE
EN PROVENCE

Künstlerkolonie aus Not

53

Consuelo de Saint-Exupéry in Oppède-le-vieux

„Diese Stille, diese Beklommenheit einer verlassenen Stadt … Ich wollte angekommen sein, ich wollte mit mir allein sein, ich wollte hier – Gott einatmen." Tief bewegende Sätze der glücklich geflüchteten Künstlerin Consuelo de Saint-Exupéry kurz nach ihrerAnkunft in einem Refugium. Das verlassene Dorf Oppède-le-vieux am Nordhang des Luberon entwickelte sich ab Sommer 1940 zum Garten Eden für Künstler aus der deutsch besetzten Zone Frankreichs, wobei die von Vichy aus regierte „freie Zone" ab November 1942 ebenfalls von deutschen Soldaten besetzt wurde. Das romantische alte Hangdorf mit seinem unbewohnten Schloss und vielen leer stehenden, baufälligen Häusern, im Sommer den glühenden Sonnenstrahlen, ganzjährig dem kalten Mistral ausgesetzt, war ein ideales Versteck. Das besondere Flair des Ruinendorfs bezaubert Besucher bis heute.

TIPP

Die Künstlerin Susanne Piesk malte zahlreiche Bilder mit Motiven von Oppède.

1940 ließ sich eine Gruppe von Architekten und Pariser Studenten der Academie des Beaux-Arts im Umfeld des Architekten Bernard Zehrfuss in Oppède nieder, nach und nach stießen Maler, Bildhauer, Musiker, ein Graveur, ein Orgelbauer, ein Gärtner, ein Fassadenmaler dazu, begleitet von Frauen und Kindern. Bekannte Künstler wie Marcel Duchamp, Max Ernst, René Char beteiligten sich am Aufbau einer Künstlerkolonie, aber auch jüdische Familien, alles in allem etwa 50 Menschen.

Eine prominente Glücksucherin auf der Flucht war die Malerin und Bildhauerin Consuelo de Saint-Exupéry, Frau des berühmten Autors des Kleinen Prinzen, der als Kriegspilot unterwegs war und 1944 vor der Küste von Cassis abstürzte. Antoine und die gebürtige Salvadorianerin gaben sich 14 Jahre einem *amour fou* voller Turbulenzen hin, nach seinem Tod war Consuelo untröstlich. 1945 widmete sie ihrem Mann das spannende Erinnerungsbuch *Oppède,* in dem sie ihre Zeit in dem Dorf aufleben lässt (auf Französisch und Englisch lieferbar). Consuelo überlebte Antoine um 35 Jahre, erlebte nicht mehr den Fund eines Silberarmbands mit ihrem eingravierten Namen nahe der Île de Riou bei Marseille und die Bergung von Wrackteilen des Flugzeugs.

- Oppède-le-vieux und Oppède-Les Poulivets, 84580 Oppède
- ÖPNV: Busse von Cavaillon bis Oppède

Le petit café

Wild und frei

54

Das Glück der Camargue-Pferde

Nicht Land, nicht Meer, eher Sumpf und Schilf, salziges Brackwasser, Lagunen, Kanäle, Deiche, Schleusen, Feuchtsavanne, Tamarisken, Schirmpinien. Welches Tier, abgesehen von Insekten, kann in dieser Welt überleben? Wasservögel, angeblich Schildkröten, Stiere – und natürlich die robusten Camargue-Pferde. Das zebragroße weiß-hellgraue Kleinpferd, erst seit 1968 als Rasse anerkannt, hat einen starken Kopf, plumpen Körperbau, tiefen Schweifansatz, üppige Mähne und große, harte Hufe, die man nicht beschlagen muss. Es weidet auf mageren Wiesen, auch in Sümpfen, und ernährt sich von Schilf, Riedgras, Quecken und Salzpflanzen, ist kälteunempfindlich und säuft zur Not aus Eispfützen, die es aufstößt. Solche Lebensbedingungen wären keinem edlen Rassepferd zumutbar. Das Glück der Erde liegt in der Provence nicht nur *auf* dem Rücken der Pferde, sondern in der – weitgehenden – Freiheit des autonom lebensfähigen Pferdes.
Die meisten Schimmel in der Camargue sind nach wie vor in Herden halbwild unterwegs, ganzjährig draußen, halten sich problemlos in Nachbarschaft von Stieren auf und werden einmal jährlich zwecks Markierung, Zählung, Kastration zusammengetrieben. 400 bis 600 Fohlen kommen in der Sommersaison dunkelhaarig zur Welt, ihr Fell hellt später auf. Den Warmblüter, dessen Stockmaß von maximal 1,50 Metern eher einem Groß-Pony entspricht, kann wenig aus der Ruhe bringen, deshalb eignet er sich bestens für ungeübte Reiter. Gerade in Deutschland haben die Schimmel viele Fans; 50 bis 60 Tiere wandern jährlich auf deutsche Pferdehöfe aus. In der Camargue werden sie heutzutage kaum noch als Arbeitspferde eingesetzt. Es gibt nicht mehr viele *gardians,* Rinder- und Schafhirten, die ihre Herden zu Pferd hüten und tagelang nicht aus dem speziellen Camargue-Sattel kommen. „Cowboys“ existieren noch als beliebte Variante des Freizeitreitens. Das Pferd praktiziert die besondere Gangart *entre deux,* ein Passgang zwischen Trab und Galopp, der aus der Reitweise der *gardians* entstanden ist.

TIPP

Vogelfreunde kommen im Parc ornithologique Pont de Gau auf ihre Kosten (www.parcornithologique.com).

● Reiterferien in der Camargue, z. B. www.equitation-exclusive-camargue.com, www.camargueacheval.com, www.arnellescamargue.com, www.randocheval.com
● ÖPNV: Bus 50 von Arles bis Saintes-Maries-de-la-Mer

Jeunesse statt Lotterleben

55

Rund um den Papstpalast in Avignon

Avignon ist eine junge Stadt in alten Gemäuern. Sie brodelt auch, wenn ausländische Touristen ausbleiben. Auf einem Spaziergang durch das monumentale Zentrum aus der Zeit, in der hier Päpste residierten, begegnen wir Familien mit Kindern und Paaren mit Kinderwagen, jungen Franzosen mit Reiserucksäcken und Grüppchen von einheimischen Jugendlichen, denen der geballte architektonische Background als angemessene Kulisse für konzentrierte Peergroup-Kommunikation dient. Auch wir bewegen uns im gemütlichen Schlendergang von der weitläufigen Place du Palais aus zum Petit Palais mit der frankreichweit reichsten Sammlung früher italienischer Kunst. Weiter geht es durch den Aussichtspark Rocher-des-Doms, um den Papstpalast herum, an der Basilika Notre Dame des Doms vorbei durch die angrenzenden Straßen.

Das kultige Art-Déco-Kulturzentrum Manutention zu Füßen der Saint-Anne-Treppe mit Programmkino, Restaurant, Kneipe wirkt gar nicht mal deplatziert in dieser UNESCO-Monumentalecke der Stadt. Sogar im Papstpalast selbst finden ganzjährig Ausstellungen, Konzerte und andere kulturelle Events statt. Abgesehen davon ist das gesamte Areal Intra-muros eine einzige Ausgehszene mit Cafés, Brasserien, Theatern, schicken Restaurants. Das Lotterleben der Päpste des 14. Jahrhunderts, allen voran von Papst Johannes XXII., ist passé. Damals muss es wirklich wild zugegangen sein. Jedenfalls ätzt der zeitgenössische Theologe und berühmte *Canzoniere*-Dichter Francesco Petrarca über Kardinalsgreise, die sich aufführten, „als bestünde all ihr Ruhm nicht im Kreuze Christi, vielmehr im Fressen und Saufen und, wie es dann weitergeht, in Kammern und Unzucht“. Sei's drum: Die Stadt Avignon (und wir als Gäste) profitieren heute vom Macht- und Luxusstreben der Päpste und dürfen in den Kapellen und Privatgemächern des mit 15.000 Quadratmetern Fläche größten gotischen Palasts des Abendlandes die herrlich restaurierten Fresken bestaunen. Der Rest ist Geschichte.

TIPP

Zu Füßen des Rocher-des-Doms pendelt ein kostenloses Shuttle-Boot zur Île de la Barthelasse.

- Place du Palais, 84000 Avignon
  www.palais-des-papes.com
- ÖPNV: Züge und Busse von allen Städten in der Provence

Im Schatten Elysions

56 Im Nekropolenpark Les Alyscamps in Arles

Es ist heiß, sehr heiß, der Asphalt brennt, sogar die Zikaden schweigen. Midi. Ich flüchte mich auf die Alyscamps, die „Champs Elysées" von Arles, benannt nach den elysischen Gefilden für die Seligen, in die nach der griechischen Mythologie die Lieblinge der Götter einziehen. Keine Shoppingmeile, keine Prachtstraße, sondern der Rest eines sehr alten, sehr großen Friedhofs, auf dem Tausende ruhen, vielleicht der einzige Platz in Arles, an dem der dunkle Schatten, den die Zypressen und Pappeln werfen, wirklich Abkühlung verspricht. Es ist ein friedlich-schöner, kontemplativer Ort mit einer breiten Allee, an deren Seiten wertvolle Steinsarkophage lagern.

Die größte Nekropole Galliens lag dicht an der römischen Fernstraße Via Aurelia, die Kaiser Augustus 13 vor Christus bis Arles hatte verlängern lassen. In der Spätantike und im frühen Mittelalter genoss das Elysion in ganz Europa ein exklusives Prestige. Der Run auf die Nekropole begann mit der Christianisierung im dritten Jahrhundert, als die ersten Bischöfe, allen voran Trophimus von Arles, dort ihre letzte Ruhe fanden. Um 1150 hatte die Mode sich überholt. Das Hauptproblem bestand im Transport der Leichen. Wer es sich leisten konnte, expedierte die Toten auf dem Landweg nach Arles. Die schnellste Variante setzte sich durch: Man steckte den Verstorbenen als Lohn für den Totengräber ein Goldstück zwischen die Zähne und schickte sie in Fässern die Rhône hinab. Das System funktionierte zeitweise recht gut, bis Leichenfledderer ein Geschäft für sich entdeckten und die Fässer abfingen, ohne sie ins Elysium zu bringen.

Van Gogh und Gauguin verewigten den Ort in ihren bunten Farben im Herbst 1888 – damals noch einträchtig – gleich mehrfach. Van Gogh schrieb an Bruder Theo: „Die Baumstämme säumen eine Allee, auf deren beiden Seiten links und rechts alte römische Grabmäler in Lila-Blau aufgereiht sind." So hat er es gemalt und so ist es noch – im Schatten der grellen Sonne erscheinen die Steinsarkophage wirklich lila-blau.

TIPP

Die romanische Grabeskirche Saint-Honorat ist zugänglich, aber stark verfallen, Vorsicht!

- Les Alyscamps, chemin Marcel-Sembat/Ecke Avenue des Alyscamps, 13200 Arles
- ÖPNV: Stadtbus 1, Haltestelle Victor Hugo am Boulevard Lices

Zwischen See und Schlucht

57

Provenzalischer Charme in Aiguines

In schillernden Farben glänzen die bunten Dachziegel der vier Rundtürme in der Nachmittagssonne. Das elegante Renaissanceschloss auf quadratischem Grundriss, umgeben von gepflegten Parkterrassen, thront in exponierter Höhenlage – eine Augenweide, die den Blick der Betrachterin unwillkürlich einfängt, während sie das Panorama genießt. Das herrschaftliche Gebäude wurde 1606 vom *Seigneur* Balthasar de Gauthier auf den Grundmauern einer mittelalterlichen Burg errichtet, später mehrfach verschönert. Das Innere des denkmalgeschützten Privatdomizils neben der schlichten Dorfkirche Saint-Jean bleibt der neugierigen Öffentlichkeit leider verschlossen; es wäre wunderbar gewesen, das darin prunkende schmiedeeiserne Treppengeländer zu besichtigen, das sich über vier Etagen wendeln soll.

TIPP

Den besten Blick über Dorf und See hat man von der Kapelle Saint-Pierre aus.

Die 8 Kilometer lange Auffahrt nach Aiguines startet am Pont du Galetas. Die Brücke überquert den Verdon an einer Furt zwischen Lac de Sainte-Croix und nordöstlichem Talkessel, in den sich der Gebirgsfluss aus der schmalen Verdon-Schlucht ergießt. Jeder, der sich von hier aus aufmacht, die *Corniche sublime* zu befahren, die Südroute des Grand Canyon, passiert Aiguines. Kaum ein Ort könnte lieblicher und geeigneter sein, Abenteurer und Canyon-Wanderer eine Weile aufzuhalten.

Bei der Flutung des Stausees entging das Dorf glücklicherweise der Zerstörung, bewahrte sein provenzalisches Flair und profitiert von seiner herrlichen Lage. Sie bewog schon seit der Bronzezeit um 6000 vor Christus Menschen, sich gerade hier anzusiedeln – damals ohne Seeblick. Aiguines verfügt über mehrere Restaurants und Cafés mit Aussichtsterrassen; besonders nett sitzt man außerhalb der Hochsaison an der Place de la Fontaine in Verlängerung der Lindenallee *(allée des Tilleuls)* neben der Aussichtsplattform (Foto). Die örtlichen Händler haben sich auf das touristische Bedürfnis nach gehobenen Souvenirs eingestellt und vertreiben regionaltypische Produkte von Lavendelseifen bis zu ornamentalen Stoffen und anderem Kunsthandwerk.

- 88630 Aiguines, place de la Fontaine (Zentrum), www.aiguines.fr
- ÖPNV: Busse von Marseille über Aix-en-Provence bis Riez

Auf Serpentinen zur Canaille

58

Corniche des Crêtes von Cassis nach La Ciotat

Den berühmten Parc des Calanques mit seinen dramatisch eingeschnittenen Buchten zwischen weißen Felsen kann man von Marseille und Cassis aus nur wandernd, kletternd, von Ausflugsbooten aus und mit Hilfe weniger Busverbindungen erkunden. Dagegen ist die Panoramastraße von Cassis nach La Ciotat für alle ein Eldorado der Gipfelausblicke. Die Corniche des Crêtes, auch als Route des Crêtes bezeichnet, führt alles, was Räder hat, 15 Kilometer über die kurvenreiche D 141. Zahlreiche Parkbuchten geben Gelegenheit, zu Fuß nah an die Kanten der Steilküste zu gelangen und aus schwindelerregender Höhe die grandiosen Aussichten auf das von tiefblau zu türkisfarben changierende Mittelmeer und die zerklüfteten Felszacken in sich aufzusaugen. Manchmal lassen sich Sportkletterer zu Übungszwecken (und vor Publikum) an den Wänden herab oder quälen sich hinauf. Am spektakulärsten, allerdings auch am beliebtesten, zeigt sich das Panorama vom Cap Canaille aus, der mit 362 Höhenmetern höchsten Klippe Frankreichs, von der aus man die Calanques von Marseille in der Ferne blitzen sieht. Die „Canaille" verdankt ihren Namen übrigens nicht irgendeinem Schurkenstreich oder Halunken, sondern leitet sich vom lateinischen *Canalis mons*, also einem Berg der Gewässer ab. Kurz vor (oder hinter, je nach Startpunkt) La Ciotat erlebt man eine ähnliche Sicht von der Aussichtsterrasse Sémaphore du Bec de l'Aigle auf 328 Höhenmetern. Noch höher, auf 399 Metern, liegt die Grande Tête. Die schmale Serpentinenstraße ist beliebt bei Motorradfahrern, die begeistert im Pulk mit großem Radau durch die Windungen rasen, vor allem an Wochenenden, Feiertagen und im Hochsommer. Meine Empfehlung liegt auf der Hand: solche Stoßzeiten meiden, auch damit sich die Fahrzeuge auf den teils beengten Belvedere-Parkings nicht in die Quere kommen. Und bei Brandgefahr, starkem Wind und Nebel ist die Panoramastraße ohnehin gesperrt.

TIPP

Zwischen Calanques und Cassis liegt das AOP-geschützte Weinbaugebiet Cassis (weiße, rote, Roséweine).

- Corniche des Crêtes, Küstenstraße D 141 (Cassis–La Ciotat)
- ÖPNV: Bus M 05 zwischen Cassis und La Ciotat

Geburt eines Propheten

59 Nostradamus in Saint-Rémy-de-Provence

Eine gebogene kleine Gasse mit notdürftig geflicktem Asphalt, neben den Resten einer Ringmauer aus dem 14. Jahrhundert angegraute Kalksteinhäuser, aus denen rechteckige Klimatisierungskästen ragen und deren Fensterläden ein Anstrich guttäte. Das ist die Rue Hoche im Bilderbuch-Glücksort Saint-Rémy-de-Provence zu Füßen der Gebirgskette Alpilles. An der Hauswand von Nummer 6 verrät eine marmorne Gedenktafel: „Hier wurde am 14. Dezember 1503 Michel de Nostradame, genannt Nostradamus, Astrologe, geboren." Die benachbarte Rue du 8 Mai 1945 ist das krasse Gegenteil: eine gepflegte Gasse, abschüssig zu mittigen Gullis angelegt, Grünpflanzen in Amphoren und glasierten Töpfen, Café, Galerie-Boutique, *chambres d'hôtes,* Apotheke. Wer nach Saint-Rémy-de-Provence kommt, spürt auf dem Ausgrabungsgelände Glanum der Antike nach. Oder er wandelt auf den Spuren von Vincent van Gogh, der während seines Jahres in der Irrenanstalt 150 bedeutende Bilder malte, oder von Charles Gounod, der im Zimmer Nummer 10 des nach ihm benannten Hotels die Oper *Mireille* komponierte. Ihrem berühmten Sohn Nostradamus widmete die Stadt in einer nach ihm benannten Straße einen Wandbrunnen mit Büste, mehr nicht. Immerhin machten die Weissagungen, die er in Vierzeilern veröffentlichte, manch Leichtgläubige glücklich und ihn selbst so berühmt, dass Katharina von Medici, die Frau Heinrichs II., ihn an den französischen Hof bat. Dort brachte er es zum königlichen Leibarzt. Seine „Prophéties" blieben allerdings meist rätselhaft und unkonkret, auch bediente er sich historischer Verkündigungen, was ihm in heutiger Zeit Plagiatsvorwürfe eingebracht hätte. Astrologen kritisierten seine mangelnden naturwissenschaftlichen Kenntnisse. Tatsächlich hat sein Ruhm mit solchen Ungenauigkeiten zu tun. Der deutsche Philosoph Max Dessauer, erfahren in okkultistischen Fragen, schrieb 1917 in einer kritischen Betrachtung von Geheimwissenschaften: „Das Wunder bei Nostradamus ist nicht sein Text, sondern die Auslegekunst seiner Erklärer."

TIPP

An van Gogh erinnern das Musée Estrine, der circuit van Gogh und das Kloster Saint-Paul-de-Mausole.

● Geburtshaus von Nostradamus, 6, rue Hoche; Fontaine Nostradamus, rue Nostradamus, 13210 Saint-Rémy-de-Provence
● ÖPNV: Busse von Arles, Avignon, Cavaillon

SAINT REMY DE PROVENCE
BOUTIQUE
la maison du village

Refugium einer Abenteuerin

60

Bei Alexandra David-Neel in Digne-les-Bains

Der ruhige Kurort Digne-les-Bains in der Haute-Provence – mit Thermalbad, gemütlicher Altstadt, zwei Kathedralen, Kunst- und Naturkunde-Museum – lohnt den Umweg. Manche nennen das Städtchen Lavendelhauptstadt, in der Tat blüht es im Juli kilometerweit lila und verströmt betörende Düfte. In dieser wenig aufregenden Umgebung fand 1928 eine damals 60-jährige Dame, die jegliches mondäne Leben strikt ablehnte, ein Refugium, ja einen spirituellen Glücksort, gemeinsam mit ihrem tibetischen Adoptivsohn, dem Lama Aphur Yongden. Die Rede ist von der Orientalistin Alexandra David-Neel. Ihre Villa *Samten Dzong* (Meditationsfestung) möblierte sie schon zu Lebzeiten geradezu museal mit orientalischen Statuen, Tüchern, Teppichen, Stickereien und tibetischen religiösen Gegenständen. Vor allem das Repräsentationszimmer *Chambre d'un lama tibétain* ist reich bestückt. In dessen Ambiente ließ sich die Forscherin fotografieren, eine Publicity, die sie als kommerzielle Schriftstellerin brauchte. Bis heute atmen die Räume der Villa die Gegenwart dieser ungewöhnlichen Frau mit der verrückten Biografie. Sie starb 1969 im Alter von fast 101 Jahren. Die Tochter eines Republikaners war abenteuerlustig, sprachbegabt und wissenshungrig, hatte zeitweise ein Engagement als Opernsängerin und bereiste als junge Frau Indien. 1904 heiratete sie in Tunis den reichen Eisenbahningenieur und Lebemann Philippe Neel, rang ihm 1911 die Finanzierung einer 18-monatigen Asienreise ab – und blieb 14 Jahre. Immerhin schrieben sich die ungleichen Partner mehr als 3000 Briefe. Alexandra traf den Dalai Lama, pilgerte als Bettlerin verkleidet durch den Himalaja, lebte als Eremitin in einer Hütte, gelangte als erste Europäerin für zwei Monate in die verbotene Stadt Lhasa. Daraus entstand ihr Bestseller *Reise einer Pariserin nach Lhasa*. Noch mit 100 Jahren, so erzählt man es sich in Digne-les-Bains, marschierte sie aufs Amt, um ein Visum für Russland zu beantragen. Ihre letzte Reise war dann doch eine andere.

TIPP

Zum Wohnhaus gehören ein Museum und ein großer Garten, durch den man spazieren kann.

- Maison et Musée Alexandra David-Neel, 27, avenue du Maréchal Juin, 04000 Digne-les-Bains
- ÖPNV: Züge von Marseille, Lyon, Paris; touristischer „Train des Pignes" von Nizza (www.dignelesbains-tourisme.com).

A LA MÉMOIRE D'ALEXANDRA DAVID-NÉEL
EXPLORATRICE DU TIBET
ET DE SON FILS ADOPTIF ET FIDÈLE COMPAGNON DE VOYAGE
LE LAMA TIBÉTAIN YONGDEN
TOUS DEUX DÉCÉDÉS ICI ET DONATEURS DE CETTE RÉSIDENCE
MONUMENT
HISTORIQUE
MAISONS DES ILLUSTRES
ALEXANDRA
DAVID-NÉEL
1868-1969
TIBÉTOLOGUE
A VÉCU UNE TRENTAINE
D'ANNÉES DANS CETTE MAISON
AVEC SON FILS ADOPTIF
LE LAMA YONGDEN
MINISTÈRE DE LA CULTURE ET DE LA COMMUNICATION
&
Membre
de la
Fédération
nationale des
maisons d'écrivain
& des patrimoines
littéraires

Heiliger Hügel seit alters

61

Die Chapelle Saint-Sixte bei Eygalières

Oberhalb einer bei Radfahrern beliebten schmalen Landstraße steht auf einem steinigen Hügel, flankiert von himmelwärts strebenden Zypressen, eine allerliebste romanische Kapelle. Hier findet man ein paradiesisches Plätzchen, vor allem in hochsommerlichen frühen Abendstunden, wenn noch die Zikaden brüllen, die Hitze des Tages aber schon einem milderen Lüftchen weicht und das grelle Sonnenlicht in eine sanft-rötliche Stimmung übergleitet. Kaum zu glauben, dass wir nur 8 Kilometer Luftlinie von dem touristischen Hotspot der Alpilles entfernt sind, dem Felsendorf Les-Baux-de-Provence mit seinen Menschenmassen, die sich durch die Gassen drängen.

Die Chapelle Saint-Sixte, einem der drei heiliggesprochenen Sixtus-Päpste der Römerzeit geweiht, ist als geschütztes Monument historique klassifiziert. Errichtet wurde sie 1155 am Ort einer heidnischen Kultstätte, die bis in die Jungsteinzeit zurückreicht, und eines dem Gott Silvanus gewidmeten römischen Tempels. Das Langhaus hinter einer später angebauten Vorhalle wird von wuchtigen Strebepfeilern gestützt. Hinter der Kapelle befand sich eine Einsiedelei. Der typisch südeuropäische offene Glockengiebel – heute wieder mit Glocke, die alte war einem Einsiedler von Marodeuren gestohlen worden – trägt ein schmiedeeisernes Kreuz.

Immer am Dienstag in der Osterwoche findet auf dem heiligen Hügel das Pilgerfest Roumavage statt, mit Messe auf Provenzalisch, Pferdesegnung, Trachtentänzen zu Folklore-Musik. Bis heute werden hier gelegentlich auch heidnische Wasserrituale gepflegt. Ganz in der Nähe entspringt eine Quelle, deren Wasser die Römer im ersten und zweiten Jahrhundert nach Christus durch das Eygalières-Aquädukt 40 Kilometer bis nach Arles leiteten. Der Überlieferung zufolge sollen Verliebte am Tag ihrer Verlobung zur Quelle gehen, der Bräutigam muss aus den Händen der Braut frisches Wasser trinken – heiratet er sie nicht innerhalb eines Jahres, stirbt er. Drum prüfe, wer sich ewig bindet.

TIPP

In dem pittoresken Alpilles-Dorf Eygalières findet freitags ein provenzalischer Wochenmarkt statt.

- Chapelle Saint-Sixte, route d'Orgon (D 248), 13810 Eygalières
- ÖPNV: Bus von Salon-de-Provence nach Eygalières mit Umstieg in Orgon (einmal am Tag)

Exotische Ethnovielfalt

62

Das Quartier Noailles in Marseille

Seit Marseille auf die Ehre, im Jahr 2013 als europäische Kulturhauptstadt zu glänzen, mit enormen städtebaulichen Anstrengungen reagiert hat, ist es touristisch aufgewertet. Man kann die zweitgrößte Stadt Frankreichs unbesorgt besuchen, nicht anders als Paris oder Barcelona. An offiziellen Attraktionen mangelt es nicht. Aber sind wir nicht erst dann glücklich, wenn wir überall, ob in einem Dorf oder einer Metropole, das Authentische, Unverfälschte, Echte gefunden zu haben glauben?

Wenn ein Stadtteil – wie zum Beispiel die aufgemöbelte Altstadt Le Panier in Marseille – in klassische Reiseführer aufrückt, dauert es meist nicht lange, bis alte Einwohner von wohlhabenden „Bobos" – *bourgeoise bohème* – abgelöst werden. Glücklicherweise gilt das (noch) nicht für den „Bauch von Marseille", Noailles südlich der Canebière. Das *quartier populaire* der „kleinen Leute" wimmelt nur so von Läden mit exotischen Lebensmitteln, frisch, getrocknet oder eingelegt, säckeweise Kräutern und Gewürzen, mit arabischen Süßigkeiten, indischen Tandoori, Fleisch und Geflügel für jede religiöse Vorschrift. Von der Place du Marché des Capucins aus zieht sich täglich außer sonntags bis 19 Uhr der preisgünstigste und vielseitigste Markt von Marseille durch das Quartier. Uns umwehen exotische Düfte, wir lassen uns durch das Getümmel von Frauen mit Kinderwagen, jungen und alten Menschen mit Einkaufstüten treiben und verstehen, warum man vom „nordafrikanischen Markt" spricht und damit den gesamten Multikulti-Commerce zusammenfasst. Denn in Noailles leben überwiegend Einwanderer aus Marokko, Algerien, Tunesien, den Komoren, La Réunion und Madagaskar, dem Senegal, der Elfenbeinküste, aber auch aus dem Libanon, der Türkei, Vietnam und Indien, abgesehen von einigen Europäern. Friseure, Kosmetikerinnen, Juweliere, Schneiderinnen, Parfumeure, Zeitungsverkäufer, Buchhändlerinnen, Uhrmacher, Bars, Restaurants, Teehäuser – alle kennen bestens ihre spezifische Ethno-Klientel und erfüllen deren Bedarf.

TIPP

Noailles hat die älteste Eisenwarenhandlung Frankreichs (1827) und eine 200-jährige Kräuterapotheke.

● Place du Marché des Capucins, Quartier Noailles. Maison Empereur, 4, rue des Récolettes, 13100 Marseille, https://empereur.fr/eshop/fr
Pharmacie-Herboristerie Blaize, 5, rue Méolan et du Père Blaize, 13100 Marseille www.pereblaize.fr

● ÖPNV: Metro 2, Tram 1, Haltestelle Noailles

04 91 11 98 62 Soyez les bienvenus
Boucherie Maraval
BOUCHERIE MARAVAL
BOUCHERIE CHARCUTERIE
04 91 11 98 62 Soyez les bienvenus
HALAL
Nous vous remercions de votre confiance
COMMANDER ICI VOTRE AGNEAU
DE L'AID EL-KEBIR
04 91 11 98 62

Geruhsam statt mörderisch

63 Luberon-Tour nach Goult

Vielleicht ist manchem Roussillon zu turbulent, Gordes zu schick, Ménerbes zu ausgelutscht und Lacoste (dort verwandelte Modeschöpfer Pierre Cardin das Schloss des Marquis de Sade samt umliegenden Häusern und Höfen in eine Theaterkulisse) zu steril. Sollte so jemand deswegen auf das Bergmassiv Luberon im Herzen der Provence verzichten? Nein! Wer trotz alldem die vielseitige Landschaft und die zahlreichen kulturellen Schätze des Regionalen Naturparks Luberon (wieder)entdecken und darin schwelgen möchte, dem sei das Dorf Goult im nördlichen Petit Luberon empfohlen. Die alten Gassen sind so heimelig wie in Ménerbes und anderen offiziell „schönsten" Dörfern der Provence, viele Häuser so ockerfarben wie in Roussillon, es gibt ein Schloss (in Privatbesitz) wie in Lacoste und Panorama-Ausblicke wie von Gordes aus. Durch Goult fließt der Coulon, der in seinem oberen Verlauf noch Calavon heißt. Er begrenzt die Luberon-Gebirgskette aus Kalksteinfelsen nördlich, die Durance setzt die südliche Abgrenzung. Noch nicht einmal die 236 Kilometer-Rundfahrtstrecke des Radtouren-Parcours *Vélo Luberon* führt durch Goult. Umso besser!

TIPP

6 Kilometer östlich von Goult überspannt die 2000 Jahre alte römische Bogenbrücke Pont Julien den Cavalon.

Das Café de la Poste lädt mit großer Terrasse unter Zürgelbäumen an der Hauptstraße und gemischten Holztischen drinnen im Saal ein. Hier nippen Einheimische wie einst in handylosen Zeiten geruhsam an ihrem Bier oder Pastis, blättern die Zeitung durch oder tauschen die neuesten Nachrichten aus. Das Bistro-Restaurant empfängt Flaneure, Biker, Spaziergänger, Liebende, Einzelgänger, Familien gleichermaßen herzlich auf einen Kaffee oder einen Aperitif, zum *déjeuner* (mittags) oder *diner* (abends) mit frischen Produkten vom Markt. Das Postcafé ist nicht nur der Mittelpunkt des Dorflebens, sondern auch berühmt: Hier drehte Jean Becker einige Szenen des Filmklassikers „Ein mörderischer Sommer" (1983), ein Beziehungskrimi mit der französischen Starschauspielerin Isabelle Adjani.

● Café de la Poste, rue de la République, 84220 Goult, www.cafedelaposte-goult.com
Radfahren: www.veloloisirprovence.com, www.provence-a-velo.fr, www.af3v.org
● ÖPNV: Busse von Aix-en-Provence über Cavaillon nach Goult

Exil im Riviera-Paradies

64

Sanary-sur-Mer

Bunte Barken schaukeln leise im Hafen hinter der palmengesäumten Promenade. Sanary-sur-Mer ist ein beschauliches Seebad nahe Toulon, wo die provenzalische Küste in die mondäne französische Riviera übergeht. *Riviera – was nicht im Baedeker steht,* so lautet der Titel eines Reiseführers, den Erika und Klaus Mann, die ältesten der sechs Kinder von Thomas Mann, 1931 herausbrachten. Der Ort war eine beliebte Sommerfrische der Pariser Montparnasse-Intellektuellen. Wer hätte gedacht, dass das Fischerdorf für die Familie Mann nur zwei Jahre später zur ersten Station eines langjährigen Exils werden würde? Von 1933 an mutierte das verschlafene Nest zu einer Hochburg deutscher Literaten mit mindestens 70 deutschen und österreichischen Emigranten. Dazu gehörten viele prominente Geistesgrößen wie Ernst Bloch, Bertolt Brecht, Franz Hessel, Heinrich Mann, Erwin Piscator, Egon Erwin Kisch, Erich Maria Remarque, Joseph Roth, Stefan Zweig, Ernst Toller, Franz Werfel und Alma Mahler-Werfel. Manche verlebten in Sanary nur einige Sommerwochen und zogen dann weiter, andere blieben Jahre. So der erfolgreiche Schriftsteller Lion Feuchtwanger, einer der vermögendsten Exilanten, der sich eine Villa, eine Sekretärin und ein Cabrio leisten konnte. Feuchtwanger liebte das Meer, die Landschaft, sein „weißes, besonntes Haus" mit Garten und fühlte sich „ausgefüllt von Einverstandensein, von Glück". Auch Thomas Mann gehörte nicht zu den armen Poeten, die in Ermangelung von Honoraren im Paradies darben mussten. Er bewertete die Zeit in der Villa Tranquille mit Meerblick als „glücklichste Etappe" seines Exils. Einige Künstler wurden 1940, obwohl sie in der zunächst noch nicht von den Deutschen besetzten „freien Zone" lebten, als „feindliche Subjekte" ins Internierungslager Les Milles deportiert, mehrere in Auschwitz ermordet. Feuchtwanger entkam und traf die Familie Mann Jahre später in Kalifornien wieder. Ein Erinnerungs-Parcours führt zu 19 einstigen Behausungen der Exilanten.

TIPP

Das Hotel de La Tour mit Hafenblick, erste Bleibe vieler Emigranten in den 1930er-Jahren, gibt es noch.

- Les artistes étrangers à Sanary-sur-mer. Parcours de mémoire, 2 Rundgänge (3 km und 8 km), www.sanary-tourisme.com
  Hotel de La Tour, 24, quai Général de Gaulle, 83110 Sanary-sur-Mer
  www.sanary-hoteldelatour.com
- ÖPNV: Züge von Marseille und Toulon, Busse von Aix-en-Provence

MA 269 846
RESTAURANT

Am Tor zur Provence

65

Auf Napoleons Route in Sisteron

Mehr als 300 Sonnentage im Jahr und eine Landschaft, die uns den Atem stocken lässt. Mit einem visuellen Paukenschlag empfängt uns die Provence an ihrem nordöstlichen Eingang: Zwei gewaltige Felsen bewachen die Durance und die Brücke über den Fluss. Der eine umschließt eine Zitadelle, wie nach Maß eingepasst, der Rocher de la Baume gegenüber ist faltig wie ein altes Nashorn, nur größer. Vom Parking Citadelle aus kämpft man sich zu Fuß durch die verwinkelte Altstadt – Großrichtung aufwärts. Überdachte Durchgänge, teils mit Treppenstufen, verbinden Gassen. Diese Spezialität von Sisteron nennt sich *andrônes*, in Lyon findet man sie als *traboules* wieder. So gestaltet sich der Aufstieg zur Zitadelle nicht nur schweißtreibend, sondern auch lauschig, und wenn Sie mit Kindern reisen, werden diese ihren Spaß daran haben, die Erwachsenen aus verborgenen Ecken zu erschrecken. Oben angekommen, belohnt der grandiose Rundblick die Mühe des Erklimmens.

Wer sich Sisteron nähert, überquert die Durance nicht ungesehen. Sie durchschneidet zwei Gebirgszüge, die Zitadelle hatte durchaus ihre Berechtigung. Auch Napoleon Bonaparte und seine Truppe erspähte man schon von Weitem. Dem Teufelskerl war es gelungen, aus seiner Verbannung auf der Insel Elba zu fliehen und bis zum Golfe-Juan bei Antibes zu segeln. Mit 1200 (oder 800, das ist unklar) Gefolgsleuten marschierte er im März 1815 auf der Route über Grenoble – das Rhône-Tal war voller feindlicher Royalisten – Richtung Paris.

Wie würden sich die Herren von Sisteron, überwiegend Royalisten, verhalten, wenn der Tross die enge Stelle passierte? Napoleon befürchtete Komplikationen, aber er hatte Glück, der zuständige Befehlshaber war sein Anhänger und dementsprechend gnädig. Ohne zu rasten zog man weiter. Nach einem 20-tägigen Gewalttrip bestieg Kaiser Napoleon I. in der Hauptstadt erneut den Thron. Wie die berühmte „Herrschaft der 100 Tage“ ausging, ist bekannt: mit der endgültigen Niederlage und der Verbannung des Korsen auf die Insel Sankt Helena.

TIPP

Die regionale Delikatesse Agneau de Sisteron (Lamm) ist bei Gourmetköchen der Côte d'Azur beliebt.

- Zitadelle, Montée de la Citadelle, 04200 Sisteron
  www.citadelledesisteron.fr
- ÖPNV: Züge und Busse von Gap, Aix-en-Provence, Marseille

HOTEL du ROCHER

Licht, Kunst, Lichtkunst

66

In der heimlichen Kulturhauptstadt Arles

In Arles vereinigen sich alle Glücklichmacher des Midi: tiefblauer Himmel, trockene Hitze, intensives Licht, lebendige Geschichte und Architektur von Antike bis Renaissance, Kunst vom Feinsten, vor der Haustür die „Kleinen Alpen", die Rhône, die Camargue und das Meer. Jeder zweite Stein in Arles, jede zweite Sehenswürdigkeit hat etwas mit der Antike zu tun: Arena, Theater, Thermen, Antikmuseum, Nekropole, Kryptoportiken. Sind diese abgehakt, reisen viele ab. Ein Fehler!

Für eine Stadt mit gut 50.000 Einwohnern verfügt Arles auf engstem Raum über enorme Kulturschätze, und das, obwohl es kein einziges Gemälde von Vincent van Gogh besitzt. Im Musée Réattu zum Beispiel hängen nicht nur italienische Meister, sondern 57 Zeichnungen von Pablo Picasso, eine Schenkung von ihm selbst. 1965 eröffnete das Haus als erstes Kunstmuseum in Frankreich eine Abteilung für Fotografie mit Werken berühmter Fotografen wie Henri Cartier-Bresson, Ansel Adams, Robert Doisneau. Heute besitzt das Réattu etwa 7000 Lichtbildwerke und Videokunst. Spätestens mit Gründung der École Nationale Supérieure de la Photographie und des internationalen Sommerfestivals Les Rencontres de la Photographie mauserte Arles sich zum Mekka der Fotografie. Die Fondation Vincent van Gogh bemüht sich in einem geglückt sanierten Palais des 15. Jahrhunderts erfolgreich, Künstler der Gegenwart im Dialog mit dem Werk van Goghs zu präsentieren, auch dies kein provinzieller Auftritt.

Ein kleines Juwel, oft vergessen im Wald der Sehenswürdigkeiten, stellt das Museon Arlaten dar, ein völkerkundliches Haus, für das die Bezeichnung Heimatmuseum allzu reduziert wäre. Wer wissen will, wie sich die provenzalische Identität und das gesellschaftliche Leben in Kleidung, Handwerk, Musik, Sprache und Historie ausdrücken, ist hier richtig. Das frisch sanierte vierflügelige Palais ruht wie eigentlich die ganze Altstadt auf römischem Fundament, wovon zutage geförderte Mauern und Steine im Innenhof zeugen. Auf nach Arles!

TIPP

Stararchitekt Frank Gehry schuf für die Fondation Luma einen zwölfstöckigen Eventturm (www.luma.org).

- Museon Arlaten, 29–31, rue de la République, 13200 Arles, www.museonarlaten.fr Musée Réattu, 10, rue du Grand-Prieuré, www.museereattu.arles.fr
- ÖPNV: Züge und Busse von allen Städten in der Provence

Käse, Salami, Literatur

67 Abstecher nach Banon im Pays de Forcalquier

Südlich des Lure-Gebirges in der Haute-Provence breitet sich eine liebliche und fruchtbare Landschaft aus, mit Oliven *und* Buchen, Lavendel *und* Eichen etwas herber als der sich südwestlich anschließende Luberon, aber weniger schickimicki. Im hügeligen Pays de Forcalquier, benannt nach dem Zentrum einer einst blühenden Grafschaft, findet man noch charmante, nicht vom Tourismus erstickte Hangdörfer mit netten Bistros, Restaurants und mit Läden, in denen kunsthandwerkliche und regionale Produkte angeboten werden. Eines dieser mittelalterlichen Dörfer mit ausgedehnten Mittagspausen, in idyllischer Randlage auf dem Plateau d'Albion zwischen Montagne de Lure und Mont Ventoux, ist weithin für seinen besonderen Ziegenkäse bekannt. Der Banon de Banon, ein in Kastanienblättern gereifter Rohmilchweichkäse, darf seit 2003 als einziger Käse in der Region Provence-Alpes-Côte d'Azur das AOC-Herkunfts-Schutzsiegel führen – und er schmeckt wundervoll! Der Fairness halber sei erwähnt, dass nicht nur Banon, sondern 179 Orte der Gegend den AOC-Banon produzieren. Im Bio-Tante-Emma-Laden Super Banon kann man vor dem Kauf verschiedene Reifegrade probieren. Empfehlung des Hauses: den Banon mit Dampfkartoffeln anrichten, dazu ein Glas trockenen Weißwein servieren. In der Charcuterie La Brindille Melchio gegenüber findet man eine andere Spezialität: einen ganzen Wald langer dünner Salamistreifen, *brindilles,* die mit Walnüssen, Pinienkernen, Bohnenkraut, Genever oder auch Ziegenkäse gewürzt sind.

TIPP

Schokoladenkreationen und süße Brotaufstriche führt die Confiserie Leblanc (le Puy, 1,5 km außerhalb).

Banon punktet außerdem mit einem für ein Tausend-Seelen-Dorf ungewöhnlichen Unternehmen, der Buchhandlung Le Bleuet mit 110.000 vorrätigen Titeln in französischer und englischer Sprache, größte unabhängige Buchhandlung Frankreichs im ländlichen Raum. Angeblich reisen die Kunden sogar von Nizza und Montpellier an, um sich mit Weltliteratur einzudecken, und tatsächlich kommt man beim Stöbern aus dem Staunen über das Sortiment nicht heraus.

- Super Banon und Charcuterie La Brindille Melchio, place de la République, 04150 Banon
  Librairie Le Bleuet, rue Saint-Just, 04150 Banon
- ÖPNV: Busse von Manosque und Digne-les-Bains

SUPER BANON
FROMAGE DE CHEVRE
FROMAGE DE BANON
CHÈVRE FERMIER
FRUITS & PRIMEURS
ALIMENTATION GÉNÉRALE
ÉPICERIE FINE
PRODUITS BIO & RÉGIONAUX
LES THES DU MONDE

Prachtboulevard vom Feinsten

68

Der Cours Mirabeau in Aix-en-Provence

Am Cours Mirabeau pulsiert das Herz der stolzen Bürgerstadt Aix-en-Provence. Der breite, von Platanen beschattete Boulevard mit herrschaftlichen Stadthäusern, edlen Boutiquen, großen Café-Terrassen und Beletage-Restaurants mit familiärer Atmosphäre ist so etwas wie die Champs-Elysées der Provence. Vier Springbrunnen erfrischen uns auf dem Schlendergang zwischen Rotonde und Place Forbin. Von Anbeginn an diente die Prachtstraße repräsentativen Zwecken: 1651 leisteten sich die Honoratioren – Juristen, Finanzbeamte und Universitätsprofessoren – einen *cours à carosses,* eine kutschentaugliche Promenade. Das niedere Volk mit einfachen Maultier- oder Handkarren war unerwünscht, Geschäfte zu eröffnen verboten. Erst im 18. Jahrhundert entwickelte sich der Boulevard, nun benannt nach dem Aufklärer Marquis de Mirabeau, zu einer glänzenden Shopping- und Gastro-Halbmeile. Als zentrale Achse strukturiert die Platanenallee die City: Nördlich befindet sich das alte Aix mit den Märkten, verwinkelten Gassen, der Kathedrale, dem Justizpalast, südlich das elegante Wohn-Quartier Mazarin mit rechtwinklig angelegten Straßen, in dem sich auch die bedeutenden Kunstmuseen Granet, Granet 20ème Siècle und das Kunstzentrum Caumont befinden.

TIPP

Die eindrucksvollsten Patrizierhäuser am Cours Mirabeau tragen die Hausnummern 4, 10, 20 und 38.

Zur Jahrtausendwende ließen die Stadtväter und -mütter den Cours umfangreich aufhübschen, seitdem darf man nicht mehr parken. Nachts anzukommen und morgens beim Blick aus dem Hotelfenster den alten Käfer eingekeilt zwischen Marktständen vorfinden – das ist nur noch nostalgische Erinnerung. Die historische Brasserie Les deux Garçons, in der schon Paul Cézanne mit seinen Freunden Emile Zola und Jean-Baptistin Baille langweilige Schultage stilvoll beendete, hat leider jemand abgefackelt. Das Le Grillon fast nebenan (Nr. 49) ist aber ebenso urig. Ebenfalls „schon immer" versüßt die historische Confiserie Béchard (Nr. 12) uns die Abreise mit den berühmten Mandelkeksen „Calissons d'Aix". Die ausgefallensten Eissorten bietet Glaces Philippe Faur (Nr. 57).

● Cours Mirabeau, 13100 Aix-en-Provence
www.aixenprovence.fr
● ÖPNV: Petit Train oder Kleinbusse La Diabline bis Cours Mirabeau

Alte Schönheit, allzu schick

69

Blicke aufs Panoramadorf Gordes

Während meiner allerersten spätsommerlichen Reise in die Provence fanden wir als junges Pärchen spontan ein billiges Hotelzimmer direkt am Dorfplatz von Gordes. Es kommt mir vor, als wäre es gestern gewesen. Welch rasante Veränderung erlebte die spektakulär am Felsen hängende Siedlung! Der Ort, eines von sieben „schönsten Dörfern Frankreichs" im Département Vaucluse, entwickelte sich zu einem unerträglichen Hotspot des Provence-Tourismus, einer schicken Luxuskokotte, die sich dem Massentourismus hingibt. Überwältigend jedoch blieb das Panorama dieses typischen *village perché provençal,* eines Leuchtturms der kalksteinleuchtenden Gebirgskette Luberon.

Besichtigen Sie also dieses Bilderbuchdorf, sehen Sie sich das trutzburgartige Renaissanceschloss, die Kirche Saint-Firmin, die unterirdischen Gänge mit Ölmühle, das Freilufttheater und vor allem die hohen, scheinbar in die Felsen gehauenen alten Häuser in schmalen Hanggassen an. Aber tun Sie das an einem trüben Novembervormittag. Oder nutzen Sie erste frühlingshafte oder späte herbstliche Sonnentage für einen gut zwei Kilometer langen Spaziergang vom Zisterzienserkloster Abbaye de Sénanque, das fotogen an Lavendelfeldern liegt, hinauf nach Gordes.

TIPP

Die Radtour Gordes à velo (70 km, GPX) streift Luberon-Dörfer (www.veloloisir-provence.com).

Dabei verbirgt der Ort unter der touristischen Zuckerwatte eine abenteuerliche Geschichte, denn er war in seiner exponierten Lage seit dem 11. Jahrhundert politisch umkämpft. Gordes bot Flüchtlingen im Hundertjährigen Krieg ein optimales Versteck, wurde als eines der ersten französischen Dörfer protestantisch, litt dann schwer in den Hugenottenkriegen. Während und nach dem Zweiten Weltkrieg entdeckten Künstler das Idyll, Marc Chagall blieb bis zu seiner Emigration in die USA (in den 1960er-Jahren ließ er sich aber lieber in Saint-Paul-de-Vence an der Côte d'Azur nieder). Der ungarische Op-Art-Künstler Victor Vasarely trug erheblich zur späteren Bekanntheit von Gordes bei, er erwarb 1970 die damalige Schlossruine und stellte bis 1996 mehrere Hundert seiner Werke dort aus.

- 84220 Gordes, www.gordes-village.com
www.les-plus-beaux-villages-de-france.org
- ÖPNV: Busse von Avignon und Aix-en-Provence über Cavaillon nach Gordes

Augenweiden für Flaneure

70 Exquisite Kunst in Avignons Stadtpalais

Avignon atmet Geschichte und ist doch nicht behäbig, zeigt stolz seine alten Schätze und bleibt zugleich offen für Impulse, gibt sich vielfältig, kreativ, bunt und aufgeschlossen. Avignon, Kulturhauptstadt des Jahres 2000, ist als Festival- und Theaterstadt ein Magnet, Sitz einer Universität, eines Tanzkonservatoriums, einer Kunsthochschule. Außerdem verfügt die einstige Hauptstadt des Christentums über ein reiches architektonisches Erbe, angefangen mit dem Papstpalast, einem der größten erhaltenen mittelalterlichen Paläste der Welt. Genügend Aushängeschilder für Ansehen und Ruhm, sollte man meinen. Doch Avignon ist darüber hinaus ein Mekka der Malerei und bildenden Kunst. Es gelang, den wunderbaren alten Stadtvillen mit außergewöhnlichen Exponaten neues Leben einzuhauchen.

TIPP

Meisterwerke der Malerschule von Avignon hängen im Petit Palais und im Musée Pierre-de-Luxembourg.

Spaziert man vom südlichen Citybahnhof aus in die Kernstadt Intra-Muros, gelangt man über die Shopping-Prachtstraße Rue de la République zur Place de l'Horloge, unruhig pulsierendes Herz der City mit Rathaus und Oper, wo unter Platanen ein zeitloses, buntes Karussell seine Runden dreht. Aber eile mit Weile, schau links und rechts! Auf dem Weg dorthin passiert man die Collection Lambert (Foto): eine originelle Sammlung von fast 600 schrillen, rebellischen oder auch urkomischen zeitgenössischen Kunstwerken in zwei alten Stadtpalais mit großem Innenhof. Das Musée lapidaire beherbergt die große archäologische Abteilung des Musée Calvet, dem seinerseits bedeutenden Skulpturen- und Gemäldemuseum im prachtvollen Hôtel de Villeneuve-Martignan. Das Musée Requien gleich neben dem Calvet widmet sich der Naturgeschichte der Provence.

Fast schon an der westlichen Stadtmauer liegt das Musée Louis Vouland mit Stil-Interieurs und provenzalischer Kunst. Allerhand Ikonen moderner Kunst – Cézanne, Modigliani, Picasso, Sisley, Manet – hängen im Musée Angladon mit dem einzigen Van Gogh-Gemälde, das in der Provence geblieben ist: *Eisenbahnwaggons in Arles* (1888). Gänsehaut!

● Collection Lambert (rue Violette), Musée lapidaire (République), Musée Calvet und Musée Requien (Joseph Vernet), Musée Louis Vouland (Victor Hugo), Musée Angladon (Laboureur), 8400 Avignon, www.avignon-tourisme.com
● ÖPNV: Tram 1 bis Gare Centre

UT AND DOWN.

Warten auf Godot im Luberon

71

Samuel Becketts Exil im Ockerdorf Roussillon

In einem bescheidenen zweistöckigen Haus bei Roussillon, wo sich die Straße nach Apt und Goult gabelt, versteckte sich der irische Schriftsteller und Literaturnobelpreisträger Samuel Beckett (1906–1989) während des Zweiten Weltkriegs. Die abgeschiedene Gebirgskette des Luberon bot seit alters Menschen, die wegen ihrer religiösen oder politischen Aktivitäten verfolgt und bedroht wurden, eine lebensrettende Zufluchtsstätte. So zum Beispiel den Waldensern, die im 16. Jahrhundert auf Bergkuppen wehrhafte Weiler gründeten. Beckett, der seit 1937 dauerhaft in Paris lebte und sich der Résistance angeschlossen hatte, floh 1942 mit der Pianistin Suzanne Deschevaux-Dumesnil vor der Gestapo in den unbesetzten Süden Frankreichs. Sie hatten großes Glück, fanden eine Bleibe bis zur Befreiung 1944, niemand verriet sie. In Roussillon lebten sie getarnt als Landarbeiter und halfen später als *maquisards* im Untergrund den Widerstandskämpfern. Beckett empfand sich als „Gefangener", zugleich fühlte er tiefe Dankbarkeit gegenüber den mutigen Menschen, die ihn deckten. Seine Unruhe bekämpfte er mit langen Spaziergängen und Schachpartien. Spielpartner und lebenslanger Freund war der ebenfalls in Roussillon gestrandete polnische Maler Henri Hayden. Seine starken Emotionen aus dieser Zeit verarbeitete Beckett später in dem absurden Theaterstück *En attendant Godot.* Es enthält deutliche Anspielungen auf Becketts eigene Warteposition angesichts der ungewissen Zukunft und beschreibt sicher auch die Situation jüdischer Flüchtlinge, die oft vergeblich auf ein Ausreisevisum hofften. Die Urfassung in französischer Sprache wurde 1953 in Paris uraufgeführt. Darin diskutieren Vladimir und Estragon über die Frage, ob sie schon einmal in der Vaucluse waren. Estragon will sich nicht erinnern, aber Vladimir verweist auf die Weinlese in Roussillon bei dem (tatsächlich existierenden) Monsieur Bonelly. „Da leuchtet doch alles so rot" – gemeint sind die Ockerfelsen und rot verputzten Häuser im französischen Zentrum des Ockerabbaus.

TIPP

Der Romanist Laurence Wylie schrieb eine erfolgreiche soziologische Alltagsstudie über Roussillon.

● Maison de Samuel Beckett (Privatbesitz, nicht öffentlich), an der D 105 nach Süden, 84220 Roussillon
● ÖPNV: Bus von Cavaillon nach Roussillon (einmal am Tag)

Muße, Einkehr, Anregung

72 In der Vieille Charité von Marseille

Wenn man aus den engen Gassen des Marseiller Altstadtviertels Le Panier kommt und noch ganz erfüllt ist von dem bunten Street-Art-Milieu, steht man plötzlich vor einem monumentalen, nicht einsehbaren Bauwerk. Tritt man ein, umfängt einen zunächst die schattige Kühle eines dicken Gemäuers. Rasch verliert sich der Blick in breiten Arkadengängen, die auf drei Etagen vier Flügel durchziehen und mit ihrer Gleichförmigkeit Harmonie und Ruhe verströmen. In der Mitte des riesigen Innenhofs steht eine Barockkapelle mit elliptischer Kuppel. Über deren später angedocktes klassizistisches Portal mit korinthischen Säulen könnten die Geschmäcker sich streiten. Bevor man damit beginnt, sinkt man besser auf einen der Gartenstühle des charmanten Cafés und lässt das architektonische Ensemble bei Kaffee und Kuchen auf sich wirken.

TIPP

Die Museen in der Vieille Charité zeigen ägyptische Antiquitäten und indigene Sammlungen: Mumien, Masken, Volkskunst.

Wir befinden uns in der Vieille Charité, dem einstigen Armenhospital. Das rosa-weiß angehauchte Kalkmauerwerk stammt aus einem der Steinbrüche am Cap Couronne der Côte Bleue westlich von Marseille. Der Bau selbst hat eine spannende Geschichte. Ludwig XIV. erließ einst den Befehl, Bettler und Vagabunden, zusammengefasst als „Faulenzer", einzusperren; das klingt brutal, allerdings verpflichtete das Edikt die Städte, die Ärmsten der Armen zu ernähren und unterzubringen. Das erste Hospiz, in dem Marseille 300 Menschen versammelt hatte, platzte bald aus allen Nähten. Barockarchitekt Pierre Puget plante den Neubau, starb darüber, vollendet wurde er 1745. Im Lauf der Zeit lebten darin Alte, Kinder, eine Weile Soldaten, dann entwurzelte Sanierungsopfer, ab 1943 obdachlose Familien aus von den Deutschen gesprengten Wohnungen. Zeitweise drängten sich etwa 1000 Menschen in den alten Mauern. Nach dem Krieg verfiel das Ensemble nach und nach, wurde gerade noch rechtzeitig saniert – bis 1986. Heute beherbergen die Galerien hinter den Arkaden mehrere Wissenschafts- und Bildungseinrichtungen und zwei bedeutende Museen. Ein Glücksort der Muße und Anregung!

- Centre de la Vieille Charité, 2, rue de la Charité, Le Panier, Marseille www.vieille-charite-marseille.com.
- ÖPNV: Metro 2, Tram 2, Station La Joliette

Biker's High

73 Auf der Corniche sublime des Grand Canyon

Leidenschaftliche Rennradfahrer, vor allem Passjäger, erträumen sich höchstmöglichen Flow, eine Art „Runner's High", die typische Jogger-Ekstase. Dabei werden Endorphine beziehungsweise nach neuester Forschung eher Endocannabinoide ausgeschüttet. So stöbert diese Klientel auf dem Weg zu ultimativen emotionalen Höhepunkten nach immer neuen „Tortouren". Das wär's doch: Einmal den Grand Canyon du Verdon umrunden, 107 schweißtreibende Kilometer, 2500 Meter Höhendifferenz – sei es nördlich im Uhrzeigersinn oder gegenläufig. Eine sportliche Tour der Superlative durch noch dazu sehr abwechslungsreiche Landschaft mit zahlreichen Aussichtspunkten, den Boxenstopps für Genießer! Wer Zeit für Etappentouren hat und dabei die Landschaft genießen möchte, fange mit der in Aiguines startenden 24 Kilometer langen Strecke der Südroute an, der *Corniche sublime.*

Bereits am 964 Meter hohen Col d'Illoire, dem ersten Belvedere nach kurviger Straße, beginnt man die geradezu beklemmenden Dimensionen der felsigen Abhänge und die Vielfalt der Vegetation zu erfassen. Wer dabei so oft wie möglich den Blick auf die smaragdgrün schillernde Wasseroberfläche des Flusses senkt, verspürt selbst als schwindelfreier Mensch leicht ein eigenartiges Ziehen in Beinen und Leib, ähnlich einer beginnenden Verliebtheit mit bedrohlichem Charakter. Folgende Aussichtspunkte passiert man entlang der rive gauche des Verdon: Col d'Illoire, Cirque de Vaumale, Falaise de Baucher, Falaise les Cavaliers, Tunnel du Fayet, Pont de l'Artuby, Balcon de la Mescla.

Wer nicht genügend Durchhaltewillen oder Kraft aufbringt, sich die zu den *grands sites* von Frankreich zählende Gegend auf dem Zweirad zu erschließen oder auch tief unten durch den Canyon zu wandern, darf sich den grandiosen Genuss ohne schlechtes Gewissen auch per Automobil gönnen. Im Juli und August allerdings sollte man die Straßen, Wege und Brücken der Gorges du Verdon den vielen Tausend Autotouristen überlassen, die sich an den Hotspots drängen.

TIPP

Die Panorama-Ringstraße Route des Crêtes mit 14 Aussichtspunkten startet in La Palud-sur-Verdon (24 km, D 23).

● Corniche Sublime, Grand-Canyon-Südroute West–Ost von Aiguines bis Aussichtspunkt Balcon de la Mescla

Schön schrecklich

74 Das Skulpturenportal Saint-Trophime in Arles

Die Westfassade der ehemaligen Kathedrale und Bischofskirche Saint-Trophime mit ihrem Portal gilt als schönste Kirchenfront von ganz Frankreich. Ebenso sehr gerühmt wird der Kreuzgang des Klosters neben der Kirche mit seinen zwei Galerien im romanischen und zwei im gotischen Stil.

Das Kirchenportal, Teil der Schutzliste des UNESCO-Welterbes, wirkt wie angeklebt, als könnte man es jederzeit abnehmen und davontragen. Vincent van Gogh stand natürlich auch schon davor und betrachtete die Unmenge an steinernen Figuren, die es bevölkern, eine berührende Arbeit provenzalischer Bildhauer des 12. Jahrhunderts. Auf van Gogh wirkte das Weltgerichts-Motiv faszinierend wie ein Psychothriller; er fand es „bewunderungswürdig", aber auch „grausam, so ungeheuerlich wie ein chinesischer Alptraum". Tatsächlich stellt das Portal die Extreme des Jüngsten Tages überdeutlich dar: die Auferstehung der Erlösten und die Höllenfahrt der Verdammten. Tritt man näher heran, kann man die Ikonographie recht gut entschlüsseln. Im Tympanon thront Christus mit den Tiersymbolen der vier Evangelisten – Engel, Adler, Löwe und Stier –, zu seinen Füßen die Apostel. Im linken Fries schiebt sich der Zug der Erlösten zum himmlischen Portier-Engel, dem sie ihre Seelen überreichen. Rechts das Gegenteil: Ein Engel hindert die Verdammten, erkennbar an den Ketten, ins Paradies einzuziehen. Weitere Figuren erzählen biblische Geschichten, zum Beispiel Josephs Traum. Die größeren Statuen unterhalb der Friese stellen Apostel dar, darunter Bartholomäus, Petrus, Paulus, Andreas. Kirchenpatron Trophimus steht auf der linken Ecke zwischen Jakobus dem Jüngeren und Johannes.

Wer war dieser Lokalheilige eigentlich? Um das Jahr 250 wurde er im Römischen Reich als erster Bischof von Arles geweiht. Seine Gebeine ruhten jahrhundertelang in einem Sarkophag auf dem Friedhof Les Alyscamps, von wo sie 1152 in die ihm geweihte Kirche überführt wurden.

TIPP

Im Naturschutzgebiet Marais du Vigueirat bei Arles leben 280 Vogelarten (Rundweg, 3,5 km).

- Kirche und Kloster Saint-Trophime, place de la République (Altstadt), 13200 Arles
- ÖPNV: Citybusse bis Boulevard Clemenceau (kürzester Zugang zur Altstadt)

Chillen an alten Gemäuern

75

In den Papstgärten von Avignon

Wer in Avignon den ganzen Tag zwischen architektonischen, historischen und künstlerischen Highlights pendelt, freut sich über eine Erholungspause im Grünen zu Füßen eines alten Gemäuers. Vor wenigen Jahren erst wurden die aufwendig restaurierten und neu angelegten Gärten des Papstpalastes als drei Ruhezonen dem Publikum geöffnet – ein Glücksfall. Der *Verger Urbain V* mit Wasserspielen, Bänken und Spielplatz gewährt als einziger freien Eintritt, von der Place de l'Amirande oder von der Rue des Escaliers Sainte-Anne aus. *Verger* bezeichnet einen Obstgarten, und tatsächlich bezog der sechste Avignon-Papst Urban V. im 14. Jahrhundert seine Früchte von diesem Stück Land. In der Nähe befanden sich die Ställe, in denen die Lust-Tiere der päpstlichen Menagerie – Pfauen, Hirsche, ja sogar Bären und ein Löwe – vegetierten.

TIPP

Im September präsentieren europäische Rosenzüchter im Papstpalast ihre Kreationen (www.alterarosa.com).

Der 662 Quadratmeter große *Jardin du Pape* inmitten des Palastes, heute Teil des offiziellen Besucher-Parcours, ist ein lauschiger Garten, den die Päpste direkt von ihren Privatgemächern aus betreten konnten. Die Landschaftsgestalter unserer Tage haben ein liebliches Ambiente geschaffen: Sie bauten den Brunnen Fontaine du Griffon nach, legten eine Blumenwiese an und ließen anstelle des verschwundenen La-Roma-Gebäudes eine pflanzenüberwucherte Pergola aufrichten.

Der 1250 Quadratmeter große *Jardin du Palais,* nach dem dritten Avignoneser Papst auch *Jardin Benoît XII* genannt, befindet sich ebenfalls im Palastensemble. Die Archäologen fanden hier ein Leitungsnetz für Regenwasser aus dem 14. Jahrhundert und legten es frei. Es diente den Gartenarchitekten als Strukturierungselement. In den rechteckigen Beeten dieses Naturrefugiums gedeihen mediterrane Gewürz-, Heil- und Zierpflanzen, die nachweislich bereits im 14. Jahrhundert in der Region wuchsen, überliefert durch Gartenbeschreibungen des berühmten Schriftstellers Petrarca. Dazu zählen etwa Lavendel, Pfingstrosen, Kamille, Chicoree, Rosmarin, Farn, Ysop, Eibisch, Johanniskraut und die parfumspendende Damaskusrose.

- Jardins des Papes im Palais des Papes, 84004 Avignon
www.palais-des-papes.com
- ÖPNV: Zug bis Avignon, weiter mit Bus (navette) zur Gare Avignon Centre

Perle im Industriegebiet

76 Miramas-le-Vieux und der Étang de Berre

Das in exponierter Lage auf einer felsigen Bergkuppe thronende Dorf Miramas-le-Vieux hat sich seinen mittelalterlichen Charme erhalten. Es kann Glücksuchern neben dem anderen freundlichen Bergdorf Cornillon-Confoux guten Gewissens als pittoreske Pausenstation in der Nähe des Étang de Berre ans Herz gelegt werden. Der Ort, dessen Siedlungsgeschichte bis ins 5. Jahrhundert vor Christus zurückreicht, wird abgasfrei gehalten, am großen Parkplatz kurz vor dem Ortsschild heißt es aussteigen und zu Fuß weitergehen.

Der Étang de Berre, ein 8 bis 10 Meter tiefes Brackwasser-Haff, mit mehr als 155 Quadratkilometern der größte Binnensee Frankreichs, wird von wirtschaftlichen Hotspots umzingelt. Zwei Flughäfen, zwei Autobahnen, der Industriehafen Fos-sur-Mer mit dem Containerterminal von Marseille Europort, eine große Erdölraffinerie, Petrochemie, Stahlwerke … Touristisch scheinbar ein Desaster. Aber es gibt ein paar große Lichtblicke. Erstens: Man kann wieder baden im Étang de Berre. Zweitens: Die Côte Bleue am Mittelmeer südlich des kleinen Bergmassivs Chaîne de l'Éstaque hat sich wundersam ein Stück Badeidylle bewahrt. Drittens: Im Carro-Fischerhafen am westlichen Ende der Côte Bleue bekommt man vormittags frischen Fisch. Von Martigues aus führt ein Radweg nach Carro.

TIPP

Von Istres aus führt die Route de Saint-Chamas direkt am See entlang nach Miramas-le-Vieux (10 km).

Läge Miramas-le-Vieux im Luberon, würde es sicher zu den „schönsten Dörfern Frankreichs" zählen. Oleandergesäumte Wege, kopfsteingepflasterte Gassen, in denen gepflegte Steinhäuser mit bunten Fensterläden und Kletterpflanzen stehen, führen zur Kirche Notre-Dame-de-Beauvezer und zur Burgruine hinauf. Eine mächtige Aleppo-Kiefer, mehrere Jahrhunderte alt, begrüßt uns unterwegs. Der Lohn des Aufstiegs wartet oben: ein Panoramablick weit über die Garrigue und den Étang de Berre; eine Orientierungstafel erklärt, was wir sehen. Auf der Café-Terrasse Le Misto direkt daneben lässt sich die Aussicht beim Genuss eines Sorbets oder einer Crêpe verlängern und vollenden.

● 13140 Miramas-le-Vieux und Étang de Berre
Le Misto, rue Frédéric Mistral, 13140 Miramas-le-Vieux, www.lemisto.com
● ÖPNV: Züge bis Miramas (3,5 km)

Spuren eines Künstlergenies

77 Der Parcours Cézanne in Aix-en-Provence

Picasso verehrte ihn als „unser aller Vater“, Matisse nannte ihn „eine Art lieben Gott der Malerei“, aber da war der Meister schon tot. Noch 1901 erklärte der Konservator des Museums von Aix-en-Provence unerbittlich: „Solange ich lebe, wird nie ein Werk von Cézanne in dieses Museum aufgenommen.“ Immerhin hängen dort heute zehn Gemälde von Paul Cézanne, dem vielleicht bedeutendsten Pionier der modernen Kunst, der sein Leben überwiegend malend in seinem Heimatort verbrachte, von seinen Landsleuten als Sonderling verachtet. Umso glücklicher ist die Nachwelt, sind wir, die wir Cézannes tief empfundene und ausdrucksstarke Naturbilder, Stillleben und figürliche Darstellungen betrachten und sie in Aix mit originalen Schauplätzen vergleichen dürfen. Das Bedürfnis reisender Kunstfreunde, sich dem Genie zu nähern, verstanden die Touristiker von Aix und klügelten einen Cézanne-Parcours mit 32 City-Stationen aus. Startpunkt ist die Cézanne-Bronzestatue von Gabriël Sterk an der Place du Général de Gaulle. Nebenbei taugt dieser Rundgang durchaus als allgemeiner Cityguide, denn er führt ebenso durch die verwinkelte Altstadt nördlich des Cours Mirabeau wie durch das vornehme Quartier Mazarin. Er endet an der Kirche Saint-Jean-Baptiste du Faubourg, für Cézanne ein glücklicher und zugleich trauriger Platz. Einerseits fand hier im April 1886 nach Jahren der Liaison die Hochzeit mit Hortense Fiquet statt, auf Betreiben des Vaters, der seinen kleinen Enkel als legitimen Erben einsetzen wollte. Andererseits starb der erfolgreiche Hutmacher und Bankier Louis-August Cézanne schon im folgenden Herbst, und in derselben Kirche fand die Trauerfeier statt. Die Lust, den Spuren Cézannes zu folgen, macht an den Stadtgrenzen von Aix nicht halt. Man kann sein Atelier besuchen, außerdem die Hütte in den Bibémus-Steinbrüchen und die alte Familien-Bastide, deren Salonwände er ausmalte. Im wahrsten Sinne zum Gipfel des Glücks jedoch führt ein Fußmarsch vom Atelier aus zu Cézannes Lieblingsaussicht auf die Montagne Sainte-Victoire, die er 60 Mal in Öl und Aquarell verewigte.

TIPP

Stolpersteine mit eingraviertem C verweisen auf Cézanne-Schauplätze (Plan im Office de Tourisme).

● Cézanne-Statue an der Rotonde; Atelier Cézanne, 9, avenue Paul Cézanne, 13200 Aix-en-Provence, www.cezanne-en-provence.com, www.atelier-cezanne.com
● ÖPNV: Bus 5, 12, Haltestelle Les Peintres

Klösterlicher Kräuterlikör

78

Abbaye Saint-Michel de Frigolet bei Tarascon

Von drei Seiten von Rhône und Durance umflossen, liegt südlich von Avignon der brandgefährdete Hügelzug Montagnette, dicht bedeckt mit krummen Aleppo-Kiefern. Zwischen den Rändern des lichten Trockenwalds und den schmalen Straßen weiden im Frühjahr Schafherden, unter die sich häufig dunkelbraune und schwarze Ziegen mischen. Mitten in dieser gleichförmigen Gegend stößt man unversehens auf ein riesiges Klostergelände. Es ist die Abtei Saint-Michel-de-Frigolet, vor 1000 Jahren von Benediktinermönchen gegründet und seit 1858 von Kanonikern des Prämonstratenserordens bewohnt, die sich auf die Lehren von Augustinus berufen. Eine von Abteigebäuden flankierte, leicht ansteigende Allee verleitet zu einem kontemplativen Spaziergang. Wie die Montagnette draußen ist das Klostergelände mit Bäumen und Sträuchern bedeckt, was der Abtei einen freundlichen Charakter verleiht. Es gibt zwei Kirchen, die nicht gegensätzlicher sein könnten: die schlichte romanische Saint-Michel und im krassen Kontrast dazu die in schriller Buntheit ausgestattete neugotische Basilika.

TIPP

Das Klosterrestaurant L'Auberge de la Treille hat eine schattige Gartenterrasse.

Und wer war Frigolet? Tatsächlich ist die Herkunft des Abteinamens weltlicher Natur: In dieser Gegend sprießt der Thymian besonders kräftig, provenzalisch *ferigoulo.* An den Thymian knüpft sich eine im doppelten Sinne köstliche Geschichte über einen Kräuterlikör, dessen Herstellung den bitterarmen Mönchen in abgerissenen Kutten unverhofften Wohlstand brachte. Bruder Gaucher soll das Geheimrezept des Getränks, das seine alkoholsüchtige Tante braute, quasi als Mitgift ins Kloster eingebracht haben. Nachdem der Schriftsteller Alphonse Daudet 1887 in seinem Bestseller *Briefe aus meiner Mühle* die Story vom Elixier des Reverends Père Gaucher erzählt hatte, verkaufte sich das aus 30 Pflanzen gemixte Gebräu wie geschnitten Brot. Bis heute kann man es im Klosterladen erwerben. *La Norbertine,* die edelste von drei Geschmacksrichtungen, trägt den Namen des Ordensgründers der Prämonstratenser, des heiligen Norbert.

● Abbaye Saint-Michel-de-Frigolet, 13150 Tarascon
www.frigolet.com
● ÖPNV: Bus E 56 Avignon–Nîmes, Haltestelle Barbentane-La Fontaine (5 km zu Fuß)

Botanik, Fayencen, Baden

79 Der vielseitige Parc Borély in Marseille

Des Pflastertretens, des Markttrubels, der Museumsbesuche, kurz: der Metropole Marseille müde, gilt es, die erschöpften Sinne in der Natur aufzutanken. Immerhin verfügt der zweitgrößte Ballungsraum Frankreichs über etwa 300 Grünanlagen. Der 18 Hektar große Parc Borély – inklusive eines 1,2 Hektar umfassenden Botanischen Gartens – ist einer der vielseitigsten Parks in Marseille für Freizeitaktivitäten aller Art. Vor allem an Wochenenden tummeln sich Jogger, Spaziergänger, Inlineskater und Familien mit Kinderwagen in den Alleen, auf den Wegen des Rosengartens und an den Spielstationen. Verliebte mieten sich ein Boot und rudern auf dem kleinen See umher, besuchen anschließend das Restaurant im Seepavillon, der einst dem Kolonialinstitut als Labor diente. Jugendliche spielen Fußball oder flitzen mit Gokarts durch die Gegend. Botanisch Interessierte besuchen das tropische Gewächshaus.

Der eigentliche Hit des Parks ist seine Lage fast am Mittelmeer, er ist nur durch die Pferderennbahn und einen kleinen Golfplatz davon getrennt. Geht man am Ufer des Flüsschens Huveaune entlang, das sich an dieser Stelle in die Méditerranée ergießt, gelangt man zum Strand. Die Plage Huveaune geht südlich über in die Plage Borély und zwei weitere Strandabschnitte, nördlich in die animierten Prado-Strände. Alles zusammen bildet die Badelandschaft Parc Balnéaire du Prado.

Zentrum des Borély-Parks ist die alte Bastide, eines der prächtigsten ländlichen Herrenhäuser der Gegend, Mitte des 18. Jahrhunderts für die vermögende Kaufmannsfamilie Borély erbaut. Lange beherbergte es das Archäologiemuseum, heute residiert in dem Schlösschen das Museum für Kunstgewerbe, Fayencen und Mode. Ein Glücksfall: Das anspruchsvolle Interieur schmücken 2500 luxuriöse Exponate – Kreationen bedeutender Designer der Haute Couture, berühmte Keramiken aus Moustiers und Marseille, exotische Möbel und Tapisserien. Einzigartiges Vergnügen für Sinne und Verstand!

TIPP

Im Juli richtet die Zeitung La Marseillaise die pétanque-Weltmeisterschaft im Parc Borély aus.

- Parc Borély und Musée des Arts décoratifs, de la Faïence et de la Mode, avenue du Clot-Bey, 13008 Marseille, www.abritel.fr
- ÖPNV: Metro 2, Bus 19, 44, 83, Haltestelle Rond-point du Prado

MUSÉE
BORELY

Gegen Feinde gewappnet

80

Die Stadtmauer von Avignon

Ein gewaltiges, von Menschenhand geschaffenes Monument ist der 4,5 Kilometer lange, 8 Meter hohe Mauerring, der die Kernstadt von Avignon samt dem Rocher-des-Doms ellipsenförmig umschließt. Die Türme und Tore, Zinnen, Scharten und Simse beflügeln die Fantasie: Wenn Steine sprechen könnten, was hätten sie zu erzählen! Eine schöne Idee ist es, um das intakte Kulturerbe herumzuwandern oder herumzuradeln. Eine von den Stadttouristikern ausgearbeitete Tour des Remparts hilft bei der Orientierung, um vor lauter Steinen und Details das Gesamtbauwerk nicht aus den Augen zu verlieren.

Innozenz VI., vierter von sieben offiziellen und zwei Gegenpäpsten während des avignonesischen Exils, ließ ab 1355 eine neue Stadtmauer aus dem typischen weichen Kalkstein des Midi bauen. Der hinter Wassergräben aufragende Mauerring verfügt über 39 Türme und sieben wehrhafte Stadttore, heute gibt es 16 Zugänge (14 offen), darunter die Porte de l'Oulle an den westlichen Parkplätzen.

Warum brauchte man ein derartiges Bollwerk? Avignon hatte sich im 14. Jahrhundert zu einer der reichsten mittelalterlichen Städte Europas mit einem glanzvollen höfischen Leben entwickelt. Schon allein der mächtige Papstpalast zeugt vom Repräsentationswunsch der Kirchenoberhäupter. Dieses Luxusleben von Kardinälen und Aristokraten, von deren Wünschen Kaufleute, Architekten, Handwerker und auch Künstler profitierten, hatte eine Kehrseite: In den verschlammten Gassen der Außenbezirke fristeten viele Menschen ihr Dasein in tiefer Armut und auf engstem Raum – Tagelöhner, Prostituierte, Bettler, die man fernhalten wollte. Man fürchtete die Wut des Mobs. Richtig gefährlich für den Stadtfrieden waren Marodeure, entlassene Söldner, die plündernd durch die Gegend zogen und sich Stücke vom Wohlstands-Kuchen raubten.

Gegen einen ganz anderen Feind allerdings konnte auch die dickste Mauer nichts ausrichten: Pandemien, von denen mehrere ausbrachen. Die größte Pestepidemie hatte in Avignon im Jahr 1348 etwa 11.000 von 30.000 Einwohnern dahingerafft.

TIPP

Die Vogelperspektive über Stadtmauer, Boulevardring und Avignon Intra-Muros bietet der Rocher-des-Doms.

● Porte de l'Oulle, boulevard de l'Oulle, 84000 Avignon
Tour des Remparts: www.avignon-tourisme.com

Für Korinna

Dank

Ich bedanke mich für die freundliche Unterstützung und kompetente Beratung bei Susanne Zürn-Seiller vom Comité Régional de Tourisme Provence-Alpes-Côte d'Azur in Marseille, bei Monika Fritsch von Atout France in Frankfurt, bei den Tourismusorganisationen der Départements Vaucluse, Bouches-du-Rhône, Alpes-de-Haute-Provence und Var sowie einzelner Städte und Museen, allen voran Isabelle Desbets, Anna Dallaporta, Teresa Storm, Beatrice Manzato, Silvie Joly, Alice Durel und anderen Personen, die mir freundlicherweise Fotogenehmigungen erteilten. Susanne Piesk danke ich für die Abbildung ihres Gemäldes Petit Café. Ganz besonders danke ich Ute Voges vom Droste Verlag und Lektor Bernhard Edlmann für ihre fachliche Begleitung und meinem Mann Rolf für geduldiges Brainstorming bei der Fotoauswahl.

Die Publikation wurde durch ein Arbeitsstipendium der Verwertungsgesellschaft VG Wort im Rahmen des Bundesprogramms NEUSTART KULTUR der Beauftragten der Bundesregierung für Kultur und Medien unterstützt.

Bibliografische Informationen der Deutschen Nationalbibliothek
Die Deutsche Nationalbibliothek verzeichnet diese Publikation in der Deutschen Nationalbibliografie; detaillierte bibliografische Daten sind im Internet über http://dnb.d-nb.de abrufbar.

Konzeption/Satz: Droste Verlag, Düsseldorf
Einbandgestaltung und Illustrationen: Britta Rungwerth, Düsseldorf, unter Verwendung von Bildern von © Fotolia.com: jd - photodesign.de; © iStock: Plociennik Robert
Fotos: Andrea Reidt, außer:
S. 27: Exposition „Vassily Kandinsky, l'odyssée de l'abstrait€, Section „Abstraction" - Simulation: © Culturespaces / Cutback; S. 29: BISET V./Vaucluse Provence Attractivité; S. 113: Susanne Piesk: „Petit Café", Aquarell, www.susannepiesk.de; S. 147: Théo Mercier, La Fille du Collectionneur, ADAGP Paris. Photo Philippe Daval, Collection Lambert; S. 157: HOCQUEL A./Vaucluse Provence Attractivité.
Freundliche Abdruckgenehmigungen erteilten: Musée des Tourneurs sur Bois, Aiguines; Fondation Vasarely, Aix-en-Provence, ADAGP Paris/VG Bild-Kunst; La Maison du Fruit Confit, Apt; Musée de la Camargue, Arles; Patrimoine et Musées, ville de Cavaillon; Mairie de Maillane/Musée Frédéric Mistral; Amis de Jean Giono/Musée Maison de Jean Giono/Centre Jean Giono, Manosque; Musée du Savon, Marseille; Mairie de Saint Maximin la Sainte Baume; Abbaye Saint-Michel de Frigolet.

MIX
Papier aus verantwortungsvollen Quellen
FSC® C011279
FSC www.fsc.org

Druck und Bindung: LUC GmbH, Greven
ISBN 978-3-7700-2287-8

www.droste-verlag.de